HEYNE BÜCHER

Dr. FRIEDRICH W. DOUCET

TRAUM UND TRAUMDEUTUNG

Träume, nach den neuesten psychologischen Erkenntnissen gedeutet und erklärt

Originalausgabe

WILHELM HEYNE VERLAG
MÜNCHEN

HEYNE-BUCH Nr. 4418
im Wilhelm Heyne Verlag, München

2. Auflage

Printed in Germany 1975
Umschlag: Atelier Heinrichs, München
Gesamtherstellung: Ebner, Ulm

ISBN 3-453-41085-8

Inhalt

TEIL I

Die Bedeutung des Träumens

Körpergeschehen und Traum

Vor kurzem noch war es schwierig, über die Bedeutung des Träumens exakte wissenschaftliche Angaben zu machen. Heute wissen wir:

Der Traum gehört zum Leben. Er ist eine Funktion des Lebendigen. Besser gesagt und auf den Menschen bezogen: Träumen ist eine *lebensnotwendige* Funktion. Jeder Mensch träumt. Er träumt zeit seines Lebens. Er träumt regelmäßig und sogar mehrmals, wenn er schläft. Auch Babys träumen. Bereits das Ungeborene träumt im Mutterleib.

»Das kann nicht sein«, wird jetzt der eine oder andere Leser sagen. »Ich träume nie.« Mag sein, daß er das glaubt. Es gibt ein demoskopisches Umfrageergebnis, wonach in der Bundesrepublik jeder Fünfte davon überzeugt ist, nicht zu träumen. Dennoch ist das ein Irrtum. Die Betreffenden erinnern sich nach dem Erwachen nur nicht, geträumt zu haben. Anders gesagt, das Traumgeschehen überschreitet bei ihnen die Schwelle in das Bewußtsein nicht. Zugegeben, das Phänomen *Traum* war für die Wissenschaft bis vor ein oder zwei Jahrzehnten noch ein höchst umstrittenes Problem. Denn es fehlte die Möglichkeit des experimentellen Beweises. Man war auf die subjektiven Angaben der Träumer oder auch Nichtträumer angewiesen. Und noch etwas, was schwerer wiegt: In das materialistische Denkmodell, das vor rund hundert Jahren für die Wissenschaft zum Glaubensdogma wurde, paßt der Traum irgendwie nicht hinein. Die Zahl von 80 Prozent aller Befragten, die angeben, mehr oder weniger oft zu träumen, war auch früher schon bekannt. An der Tatsache des Träumens als solcher ließ sich schlecht zweifeln. Nur klingt, was die meisten über den Inhalt ihrer Träume berichten, allzu märchenhaft, fantastisch oder auch unsinnig. Jedenfalls widerspricht bekanntlich das Traumgeschehen nur zu oft allen Regeln der Logik und Vernunft. Für die Naturwissenschaft konnte der Traum somit kein

Forschungsobjekt sein. Man war überzeugt, daß das Universum einschließlich der Organisation des Lebendigen nach logisch sich bedingenden Naturgesetzen abschnurrt wie ein gigantisches Perpetuum Mobile. Darin kann Unlogisches und Unvernünftiges nur ein nach Zufallsgesetzen erklärbares Fehlverhalten der Natur sein. Ein Fehlverhalten, das im Zuge des Entwicklungsprozesses — wie er von *Darwin* postuliert wurde —, nach dem Prinzip einer natürlichen Auslese wieder korrigiert wird.
Mochten sich Neurologen und Psychiater mit dem Traum befassen! Denn was unter den Begriff menschlicher Nichtvernunft und Fantasterei fällt, ist ja ihr Aufgabengebiet. Das heißt, der Traum wurde in den speziellen Bereich der medizinischen Naturwissenschaft verwiesen, womit er — wenn auch nicht direkt als eine Krankheitserscheinung — so doch als eine körperlich bedingte Anomalie eingestuft war.
Auch für die Medizin früherer Zeit galt das materialistische Denkmodell als Grundlage zu weiterer Erkenntnis. Um nur den bekanntesten Urheber dieser Auffassung zu erwähnen, den Tübinger Dozenten Friedrich Karl *Büchner*. In seiner Sicht gibt es als echte Wirklichkeit lediglich eine materielle Existenz. Schließlich ist die Materie weitaus älter als Tier und Mensch. Das Materielle ist ja die Voraussetzung für die Entstehung von Leben. Ergo können auch die jüngsten Erscheinungen des Lebendigen, das menschliche Bewußtsein und menschlicher Geist, nur das Ergebnis materieller Hirnprozesse sein. Gedanken, welcher Art auch immer, sind demnach quasi Ausscheidungsprodukte der Hirnchemie. So lehrte es *Büchner*, dessen 1855 erschienenes Buch ›Kraft und Stoff‹ einst Aufsehen erregte. Was sollten dann die Träume sein?
In dem um die Jahrhundertwende maßgeblichen großen Konversationslexikon von Brockhaus wird etwa folgendes gesagt:
Der Traum besteht aus der Vorstellung zusammenhängender Reihen von Erscheinungen und Ereignissen, bei deren Wahrnehmung es scheint, als ob die Sinnesorgane wirklich ihre Funktion erfüllten. Das heißt, als ob man höre, sehe, fühle. Man darf jedoch nicht annehmen, daß diese Empfindungen durch die Sinne zum Vorstellungsvermögen gelangen, sondern muß vielmehr die Erzeugung derselben in dem Gehirn suchen — wie bei den Halluzinationen. — Die Fantasie nimmt den Stoff zur Bildung der Träume immer aus dem Gedächtnis, indem sie ganze Szenen aus der Vergangenheit mit mehr oder weniger Abänderungen wiederholt oder aus mehreren derselben sowie aus gehabten Anschauungen

ein neues Bild zusammensetzt. – Je geringer die Tiefe des Schlafes ist, um so mehr nähert sich das Traumleben dem Wachzustand. Der Zusammenhang der Träume wird vernünftiger, die Arbeit des wachen Geistes setzt sich im Schlafe fort. »Sogar Probleme der Philosophie, der Physiologie, der Poesie usw. sollen im Traum gelöst worden sein. Doch sind das Zeichen einer *krankhaften Überreizung des Nervensystems,* und man behauptet mit Recht, daß *traumloser* oder mit besonders sinnlosen, fantastischen Träumen angefüllter *Schlaf der gesündeste sei.«*

Und weiter heißt es: »So werden die Träume auch durch krankhafte Zustände verschiedentlich modifiziert. Hieran knüpft sich die wichtige Streitfrage, ob alle Träume *Reizträume* sind, das heißt Sinnesreizungen ihre Entstehung verdanken, oder ob es auch *Assoziationsträume* gibt, die aus innerer Vorstellungs- oder Fantasietätigkeit allein entspringen. Man neigt in der modernen Psychologie mehr der ersteren Ansicht zu und betrachtet demnach den Traum als Illusion, nicht als Halluzination.«

Das mag genügen, um zu zeigen, wie man früher über die Bedeutung des Träumens dachte. Der traumlose Schlaf galt als der gesündeste. Die hilfreiche Funktion des Traumes für die Lösung wissenschaftlicher oder sonstiger schwieriger Probleme wurde als krankhafte Überreizung des Nervensystems abgetan. Entweder waren Träume eine Folge von Körperreizen im Schlaf. Oder – sofern der Schlaf ungestört verlief – waren Träume als eine Art unkontrollierter fantastischer Gedächtnistätigkeit anzusehen. Waren es keine krankhaften Halluzinationen, wie sie als Symptome bei den Geisteskrankheiten auftreten, so waren es doch in jedem Fall Illusionen.

Kurzum, die Wissenschaft dachte nicht viel anders, als es der Volksmund mit dem schlichten Sprichwort ausdrückt: *Träume sind Schäume.* Daß diese durchaus als veraltet zu bezeichnende Vorstellung auch heute noch nicht überwunden ist, beweist das ›Wörterbuch zur Psychologie‹ von James *Drever* und W. D. *Fröhlich.* Hier heißt es in der 5. völlig neu bearbeiteten Auflage von 1971 zum Stichwort *Traum* lapidar: »Bezeichnung für halluzinationsartige, mehr oder weniger zusammenhängende Empfindungen und Vorstellungen, die meist bizarren und konfusen Charakter aufweisen und während des Schlafes und schlafähnlicher Zustände auftreten.« (Als Erklärung werden neben der Theorie von den *Tagesresten* während des Schlafes auftretende Empfindungen und deren Deutung im Traum genannt.)

Psychologie ohne Seele

Was die Verfasser des ab 1895 erschienenen ›Großen Brockhaus‹ zum Thema *Traum* sagten, entsprach dem neuesten Stand der damaligen Wissenschaft. Eine spezielle *Wissenschaft von den Träumen,* wie sie die moderne Tiefenpsychologie entwickelte, beginnt praktisch erst im Jahre 1900, als Sigmund *Freud* (1856–1939) sein Buch ›Die Traumdeutung‹ veröffentlicht. Wenn ein modernes Wörterbuch zur Psychologie nichts anderes zu sagen vermag, so hat das einen besonderen Grund. Es erscheint notwendig, darauf einzugehen.

Für die Allgemeinheit oder die Öffentliche Meinung ist Psychologie nach wie vor das, was sie seit ihrer Entstehung war und was auch ihr Name in wörtlicher Übersetzung aus dem Griechischen besagt: *Die Lehre vom Seelischen.* So verblüffend es klingt, die heutige Psychologie jedoch – in erster Linie die der englisch sprechenden Länder – ist eine ›Psychologie ohne Seele‹. Sie versteht sich als eine Forschung des tierischen und menschlichen Verhaltens. Unter Umständen noch als eine Forschung vom Erleben. Denn, so dozierten der Begründer der US-Experimentalpsychologie John B. *Watson* (1878–1958) und andere, eine Seele habe man weder im Reagenzglas noch unter dem Mikroskop entdeckt. Also könne es auch keine Seele geben. Das war gewissermaßen die Perfektionierung des materialistischen Denkens. Selbst die erklärtesten Materialisten hatten zuvor Psychisches nie geleugnet. Nur, daß sie es eben aus Stoffwechselvorgängen des Gehirns erklärten.

Für unsere Begriffe erscheint die Behauptung von *Watson* absurd. Etwa so, als ob jemand behauptet, es könne weder Rundfunk noch Fernsehen geben, weil Rundfunk- und Fernsehwellen weder im Reagenzglas noch im Mikroskop zu sehen sind. Jeder Fernsehempfänger liefert den Gegenbeweis, wenn auch einen indirekten Beweis. Wer sein Fernsehgerät einschaltet, weiß, daß zwischen Sender und Empfänger ein Energiefeld vorhanden sein muß, das Töne und Bilder überträgt, auch wenn es sich um ein unsichtbares Feld handelt. Zwar nicht ganz so augenscheinlich, doch ähnlich läßt sich das Vorhandensein von psychischer Energie und psychischen Übertragungsfeldern beweisen.

Der erste Forscher, der einen exakten *experimentellen* Beweis für das Vorhandensein und die Wirkung psychischer Energie lieferte,

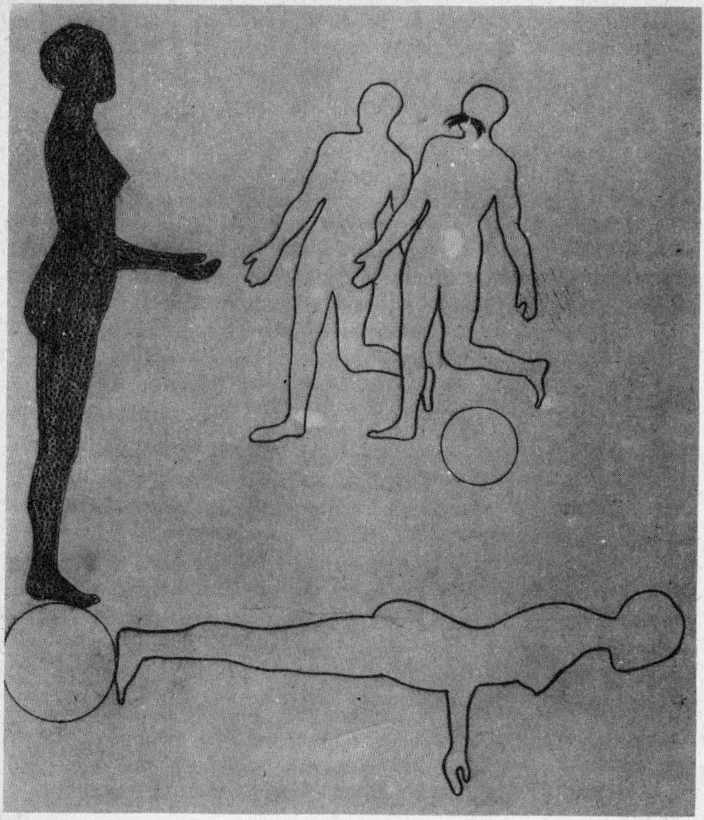

Max Ernst: Die Schatten
(Bleistiftzeichung, 1922)

ist der in Zürich tätig gewesene Psychiater und Tiefenpsychologe Carl Gustav *Jung* (1875–1961). Als Assistent des neben Emil *Kraepelin* berühmtesten Altmeisters der Psychiatrie, Eugen *Bleuler*, richtete sich C. G. Jung zusammen mit Franz *Riklin* und Ludwig *Binswanger* an der Psychiatrischen Klinik im Jahre 1904 ein Laboratorium für experimentelle Psychopathologie ein. *Jung* und seine Mitarbeiter wollten durch das Studium der *Wortassoziationen*, das heißt der Verknüpfung von Worten mit gedanklichen

Vorstellungen, herausfinden, warum bestimmte Worte der Alltagssprache bei den meisten Menschen Gefühlsregungen hervorrufen.

Jung stellte sich eine Liste von symbolträchtigen Worten zusammen und bat seine Versuchspersonen, auf ein zugerufenes Wort, das *Reizwort*, möglichst rasch mit einem dazu passenden Wort zu antworten. Sagte er beispielsweise »Haus«, so konnte die Versuchsperson sinngemäß mit »Hof« antworten. Auf »Mutter« konnte die Antwort »Kind« oder auch »Vater« lauten. Auf das Wort »Baum« kann sinngemäß die Vorstellung »Wald« folgen, aber ebenso »Wurzel« oder »Blatt«. Im Prinzip ist das Experiment recht einfach. Nur zeigt sich erstaunlicherweise, daß viele Versuchspersonen auf bestimmte Worte entweder keine sinngemäße oder überhaupt keine Antwort finden. Es kann auch sein, daß sie übermäßig viel Zeit für eine Antwort benötigen oder unsinnigerweise die gleiche Antwort bei den nächsten Reizworten mit völlig anderer Bedeutung wiederholen. In jedem Fall findet eine Störung, wenn nicht gar eine Blockierung der Denkarbeit statt.

Daß beleidigende Worte oder Worte, die mit einem Tabu belegt sind, affektive Gefühlsregungen hervorrufen, ist bekannt. Und auch, daß Gefühlsregungen körperliche Begleiterscheinungen auslösen, wie Erröten, Schwitzen, beschleunigten Puls und anderes mehr. Doch wohlgemerkt, bei dem Jungschen Experiment handelt es sich um unverfängliche Worte. Ein bewußter Anlaß zur Erregung ist für die Versuchspersonen nicht gegeben. Jung sagte sich, daß diese Störungserscheinungen auf *unbewußte* Ursachen zurückzuführen wären. Um festzustellen, wieweit unbewußte Gefühlsregungen körperliche Veränderungen hervorrufen, und um die Intensität der Erregung zu messen, kam Jung auf die geniale Idee, seinen Versuchspersonen Elektroden mit Chemikalienbeutelchen in die Hand zu drücken (ähnlich wie in den bekannten Trockenbatterien) und die Elektroden an ein Galvanometer anzuschließen, das sich im Rücken der Versuchsperson befindet.

Jung und seine Mitarbeiter konnten nun feststellen, daß bei bestimmten Reizworten, die bei der Versuchsperson einen unbewußten Widerstand auslösen, die Galvanometernadel weit über die Norm auszuschlagen beginnt. Jung entdeckte bei diesen Versuchen die sogenannten *unbewußten Komplexe*. Diese ließen sich in ihrer Intensität sehr genau messen. Doch sehr viel wesentlicher ist, daß ihm so der Nachweis einer *psychischen Energie* gelungen war. Natürlich ist es ein indirekter Beweis. Um die Wirkung der seelischen Energie sichtbar zu machen, bedarf es des Galvanometers. Und was hier gemessen wird, ist eine physiologische Funktion des Organismus. Es ist eine chemo-elektrische Veränderung an der Hautoberfläche. Doch entscheidend ist, daß das Ausschlagen der Galvanometernadel *nicht* durch einen physikalischen Vorgang hervorgerufen wird. Die Ursache für die Veränderung ist nicht der akustische Reiz der Schallwellen, die das vom Versuchsleiter ausgesprochene Wort über das Ohr und das Hörzentrum im Gehirn bewirkt, sondern der Inhalt oder sagen wir die *Bedeutung* des Reizwortes. Die *Übertragung* eines Wortes, ob durch Schallwellen oder elektrische Wellen wie beim Rundfunk, ist ein physikalischer Vorgang. Die *Bedeutung* oder die *Botschaft*, die durch Worte übermittelt wird, aber läßt sich physikalisch nicht erklären. Die sinnvolle Verarbeitung einer solchen Botschaft ist nun einmal ein psychischer Vorgang. Und die Wirkung, die sie ausübt und die recht unterschiedlich und teilweise außergewöhnlich sein kann, muß auf eine *psychische Energie* zurückgeführt werden.

Wir werden noch stichhaltigere Beweise für die Realität des Seelischen und die Existenz psychischer Energie anführen. Es ist wichtig, um die Bedeutung des Träumens wie vor allem auch die Bedeutung der Trauminformationen zu verstehen. Und vielleicht auch notwendig, um endlich einmal die wissenschaftlichen Irrtümer und Geglaubtheiten aus der Zeit unserer Großväter auszuräumen. Doch vorab, was *die Seele* oder *das Psychische* in seiner letzten Wirklichkeit ist, können wir ebenso wenig sagen, wie beispielsweise die Physiker nicht sagen können, was das *Licht* ist oder exakte Angaben über die Natur der *Kernkräfte* im Atom machen können, obwohl die Gesetzmäßigkeiten, denen das Licht wie die Kernenergie unterliegen, weitgehend erforscht sind. Das heißt, daß die Experimente die gegenwärtigen wissenschaftlichen Theorien zu bestätigen scheinen. Es heißt auch, daß wir in der Erkenntnis dessen, was die Welt im Innersten zusammenhält und was den Prozeß des Lebendigen programmiert und steuert, täglich einen Schritt weiter kommen und aus der Erweiterung des Wissens praktischen Nutzen ziehen können.

Die Tiefenpsychologie

Während sich um die Jahrhundertwende Philosophen, Psychologen und Zoologen darüber stritten, ob eine Seele überhaupt existiert, und wenn, ob es möglich ist, exakte Informationen des Psychischen zu erhalten, entwarfen Ärzte und Psychiater wie Freud und Jung bereits Modelle zur Erforschung und Beschreibung der Psyche, ihrer Strukturen und Funktionen. Sie begründeten unbekümmert um das die damalige Wissenschaft beherrschende materialistische Denk- und Weltanschauungsmodell eine empirisch und experimentell vorgehende Wissenschaft von der Seele, die *Tiefenpsychologie.* Und als eines der wichtigsten Hilfsmittel entwickelten sie Methoden zu einer Erforschung der Träume, wie wir noch sehen werden. Daß Ärzte und nicht Psychologen oder Verhaltensforscher diese Wissenschaft begründeten, ist leicht erklärbar. Die Aufgabe, die sich dem Körperarzt wie dem Seelenarzt stellt, ist Krankheitszustände zu erforschen, um Leiden zu lindern und Menschen in ihrer Not zu helfen. Einem Patienten, der an einer psychogenen (das ist eine seelisch verursachte) Krankheit leidet, ist nicht damit gedient, wenn ihm sein Arzt sagt, das Phänomen ›Seele‹ sei zum wissenschaftlichen Streitobjekt geworden. Eine objektive Aussage über die Natur des Seelischen sei nicht möglich. Der Wissenschaftsstreit über die Brauchbarkeit von Theorien und Denkmodellen interessiert den Patienten nicht. Er erwartet, daß ihm geholfen wird. Und wenn sein Leiden seelisch bedingter Natur ist, dann hofft er, daß auch hierfür der Arzt die richtige Therapie findet.

Während C. G. Jung als Psychiater durch seine klinische Beobachtung bei Geistesgestörten und, wie wir sahen, durch seine Forschungstätigkeit in bezug auf die Wirkung der *geistigen Bedeutung* bestimmter Worte der Nachweis psychischer Energie gelang, kam S. Freud als Neurologe von seiner Warte aus – übrigens bereits ein Jahrzehnt früher – zu einem gleichen Ergebnis. Freud hatte mehrere Arbeiten über Hirn- und Rückenmarkserkrankungen veröffentlicht und wurde daraufhin Privatdozent für Neuropathologie. Besonders interessierte ihn die *Hysterie,* die seinerzeit als ein nervöses Frauenleiden galt. Als Ursache wurde eine Überreizung der Nerven oder eine Nervenschwäche angenommen. Zu den auffälligen Symptomen der Hysterie zählten *affektive* Reaktionen in Verbindung mit Lähmungen, Krämpfen, Störungen der Gefäß- und Drüsentätigkeit. Man wußte zwar, daß bei dieser Krankheit keine organische Veränderung der Nervenzellen und Nervenfasern stattfindet. Sogar, daß die Krankheitssymptome durch *Hypnose* beseitigt werden können, war bereits bekannt. Doch wie gesagt, als Ursache wurde eine organische Funktionsstörung des Nervensystems angenommen.

Zusammen mit seinem Freund, dem Wiener Arzt Josef *Breuer,* begann Freud mit dem Studium der hypnotischen Wirkung bei als *hysterisch* bezeichneten Patientinnen. Er beobachtete, daß die körperlichen Krankheitserscheinungen besonders dann rasch verschwanden, wenn sich seine Patienten unter hypnotischem Einfluß an längst vergessene seelische Schockerlebnisse erinnerten. Die *Hypnose,* von griechisch *hypnos,* der Schlaf, ist ein künstlich hervorgerufener, schlafähnlicher Zustand, bei dem die geistige Kommunikation, *Rapport* genannt, zwischen der hypnotisierten Person und dem Hypnotiseur erhalten bleibt. Von irgendeiner physikalisch nachweisbaren oder als *physisch* zu bezeichnenden Energie, die etwa bei der Hypnose im Spiele wäre, kann keine Rede sein. Die Hypnose wird ausgelöst durch *verbale* Einwirkung, das heißt durch suggestive Worte des Hypnotiseurs. Voraussetzung ist die Hypnosebereitschaft des Mediums, wie die zu hypnotisierende Person genannt wird.

Was nun Freud und Breuer bei ihren Patienten feststellten, war vor allem, daß nicht die Hypnose – also der hypnotische Schlafzustand – eine heilende Wirkung ausübt, sondern daß die *Rückerinnerung* und die *Erzählung* eines früheren völlig aus dem Bewußtsein verschwundenen seelischen Schockerlebnisses die Befreiung von den Krankheitssymptomen bewirkt. Daß es sich dabei primär um einen psychischen Vorgang handelt und die Funktionstätigkeit des Nervensystems, z. B. der Fortfall einer Lähmung, ein Sekundärprozeß sein muß, war klar. Nur warum das so war, hatte sich Breuer nicht erklären können. Freud schloß daraus, daß hier eine *psychische Energie* am Werk sein müsse. Diese psychische Energie verhindert, daß eine seelische Verletzung, ein *Trauma,* wie der Fachausdruck lautet, die das Bewußtsein nicht bewältigen und sich mit ihr nicht abfinden kann, die Bewußtseinstätigkeit fortlaufend stört. Es findet eine *Verdrängung* aus dem Bewußtsein statt und eine Blockierung des Erinnerungsvermögens.

Wenn nun im Hypnosezustand diese Blockierung aufgehoben wird und das verdrängte Erlebnis vom Patienten erzählt, das heißt in der Regel begleitet von heftigsten Gefühlsbewegungen gewissermaßen nacherlebt wird, verschwinden plötzlich die Krankheitserscheinungen. Freud folgerte daraus, daß zwischen den Gefühlen und den Krankheitssymptomen ein ursächlicher Zusammenhang bestehen muß. Kurzum, es wird also nicht nur das Erinnerungsbild eines Schockerlebnisses, welcher Art auch immer, aus dem Bewußtsein *verdrängt*, sondern ebenso die dazugehörige affektive Gefühlserregung. Anders gesagt, ein gewisses Quantum seelischer Energie wird durch die Verdrängung ebenfalls vom Bewußtsein abgeschnitten. Diese Energie ist also nicht verschwunden, sondern bleibt im *Unbewußten* erhalten. In ähnlichen oder irgendwie dem früheren *Trauma* vergleichbaren Situationen kann sich die betreffende Person nicht wie im Normalfall bewußt gefühlsmäßig abreagieren. Statt dessen wirkt die im Unbewußten blockierte seelische Energie auf das Nervensystem und erzeugt organische Krankheitserscheinungen, die Freud dann später als *neurotische Symptome* oder kurz als *Neurosen* bezeichnete.

So viel in Kürze zu den Studien und Überlegungen, die S. Freud bewogen, sich der Erforschung des Psychischen zu widmen. Eine Forschungstätigkeit, die die Grundlage der *Freudschen Psychoanalyse* bildet. Wichtig für unser Thema ist, daß Freud sehr bald die Suggestivbehandlung mittels Hypnose aufgab. Die Erfolge waren zu unbeständig. Überdies ließ sich zwar das Schockerlebnis ermitteln, aber nicht die Ursache dafür. Freud begann die Methode der sogenannten *Freien Assoziation* auszuprobieren. Es ist das Verfahren, das allgemein aus Filmdarstellungen und Illustriertenberichten unter dem Begriff ›die Couch des Psychoanalytikers‹ bekannt ist. Der Patient liegt dabei auf einer Couch und entspannt sich. Am Kopfende der Couch – unsichtbar für den Patienten – sitzt der Psychoanalytiker und notiert schweigend dessen freie Einfälle. Das heißt, die Gedanken, die dem Patienten spontan einfallen und die er ungehemmt ausspricht.

Der Nachteil dieser Methode, die übrigens heute kaum noch angewandt wird und vornehmlich nur noch in Witzblättern kursiert, ist zeitlich bedingt. Es kann so unter Umständen Jahre dauern, bis der Psychoanalytiker auf eine heiße Spur stößt, die ihn an den Komplex des Patienten heranführt. Die *kontrollierte Assoziation*, wie sie in der Züricher Klinik unter *Bleuler* von *C. G. Jung* und *Riklin* entwickelt wurde, ist wesentlich vorteilhafter. Beim *Jungschen Assoziationsexperiment* wird ein Komplex sofort sichtbar. Ebenso läßt sich der Lebens- oder Umweltbereich in etwa abgrenzen, dem der Komplex entstammt. Damit werden gegenüber der Freudschen Methode wochen- und monatelange Vorarbeiten eingespart. Doch über die Entstehungsursachen und den genauen Inhalt eines unbewußten Komplexes gibt auch das Assoziationsexperiment mit dem Galvanometer keine Auskunft.

Die Wissenschaft vom Traum

Den Nachteil der Technik der Freien Assoziation erkannte Freud bald. Trotzdem war es der richtige Weg gewesen, der ihn weiterführte. Denn immer wieder kam es vor, daß seine Patienten, wenn sie auf der Couch lagen, spontan ihre Träume erzählten. Aufgefordert, zu erzählen, was ihnen dazu einfiel, wurden teilweise unangenehme Erlebnisse aus Kindheit und Jugend erinnert, ähnlich wie es Freud und Breuer bei der Hypnosetherapie beobachtet hatten. Eigenartigerweise fühlten sich auch diesmal die Patienten bei Rückerinnerungen an derartige Erlebnisse im Zusammenhang mit der Erzählung ihrer Träume sichtlich befreiter. Freud begann sich eingehend mit dem Traummaterial zu befassen. Er lernte, daß der Traum in einer Bildersprache über verdrängte Erlebnisse und sonstige Vorgänge im Unbewußten informiert. Die Traumbilder und Traumhandlungen, so merkwürdig und teilweise sinnlos sie auch erschienen, wiesen symbolische Strukturen und Muster auf. Freud begann systematisch das Traummaterial seiner Patienten in bezug auf den Symbolgehalt – selbstverständlich im Zusammenhang mit den Krankengeschichten – zu vergleichen und entwickelte so eine Kunst der Traumdeutung.

Freuds eingehender Bericht darüber erschien, wie bereits erwähnt, im Jahre 1900 unter dem Titel ›Die Traumdeutung‹. Es war ein revolutionäres Ereignis in der Geschichte der Psychologie. Es war der Beginn einer wissenschaftlichen Traumforschung und gleichzeitig der Beginn einer wissenschaftlich fundierten, vergleichenden und empirischen Symbolforschung. Für die Psychoanalyse wie für die analytisch vorgehende Psychotherapie wurde der Traum in der Folgezeit zum wichtigsten Hilfsmittel auf dem Weg zur Erforschung des Unbewußten.

Doch wie es bei allen revolutionären Forschungsergebnissen zu sein pflegt, die ein Umdenken erfordern, im Anfang sind sie heftigster Kritik ausgesetzt. Zwar fand Freud rasch eine Reihe von Anhängern. Die Psychoanalyse wurde bekannt, doch in Fachkreisen vorerst überwiegend abgelehnt. Starkes Interesse fand Freud allerdings bei der Züricher Schule der Psychiatrie, wo im Jungschen Laboratorium die Assoziationsexperimente durchgeführt wurden. Es kam zu einer fruchtbaren Zusammenarbeit zwischen Freud und Jung, die mehrere Jahre andauerte. Doch bis die in ihren drei Richtungen von *S. Freud*, seinem Schüler *A. Adler* und *C. G. Jung* begründete und ausgebaute neue Wissenschaft der Tiefenpsychologie Eingang in den Lehrplan unserer Universitäten fand, sollte noch ein halbes Jahrhundert vergehen. Die Tiefenpsychologie erforscht das *Unbewußte*. Sie befaßt sich mit der *psychischen Energetik*. Sie setzt damit das Vorhandensein von psychischer Energie voraus. Sie benutzt als wichtigstes Hilfsmittel neben anderen die Informationen, die der *Traum* in verschlüsselter Form enthält.

Nun, das Unbewußte läßt sich räumlich nicht beschreiben und physikalisch ebenso wenig sichtbar machen wie die Seele. Die Wirkung psychischer Energie hatte Freud bereits bei seinen Hypnoseexperimenten annehmen müssen. Jung hatte die Existenz seelischer Energie sogar durch physikalische Versuchsanordnung experimentell beweisen können. Die psychoanalytische Praxis mit den Patienten lieferte darüber hinaus im Verlauf weniger Jahre einen zehntausendfachen Beweis für die Richtigkeit. Doch vergessen wir nicht, für die herrschende Auffassung in der Wissenschaft war die Seele suspekt. In fast allen Wissenschaftszweigen, die sich mit dem Menschen und dem menschlichen Leben befaßten, war man dabei, zu beweisen, daß es so etwas wie eine Seele nicht gab. Also konnte es auch kein Unbewußtes geben und ebensowenig eine unbewußte psychische Energie. Ungefähr nach dem Motto, daß nicht sein kann, was nicht sein darf. Und was die Träume angeht, so galten diese ja als Halluzinationen oder Illusionen. Kraß gesagt, als Fantasieprodukte ohne Sinn.

Gewiß, in den Anfängen arbeitete die Tiefenpsychologie und damit auch die Traumwissenschaft vorwiegend mit theoretischen Überlegungen. Es waren Modellvorstellungen, oder sagen wir neuartige Erkenntnismodelle, die Adler, Freud und Jung für die Erforschung des Psychischen entwarfen. Für die Untersuchung und Auswertung der Träume waren sie aber auf die Berichte der Träumer angewiesen. Der Traumbericht bezieht sich jedoch nur auf das, was während oder kurz nach dem Erwachen im Bewußtsein des Träumers erscheint. Es kann sich dabei um die Erinnerung an quasi unbewußte Denkprozesse im Schlaf handeln, doch es muß nicht so sein. Was im Schlaf tatsächlich vor sich geht, kann niemand sagen. Jedenfalls nicht im strengen Sinne einer exakten naturwissenschaftlichen Beobachtung. Ganz einfach, weil er in diesem Zustand nicht bei Bewußtsein ist, sondern schläft. So jedenfalls argumentierten die Gegner von Freud und Jung.

Zu sagen ist dazu, daß jede wissenschaftliche Versuchsanordnung zuvor eine brauchbare Theorie benötigt. Bewiesen werden kann die Übereinstimmung zwischen Theorie und Praxis erst im nachhinein. Das kann unter Umständen Jahre oder Jahrzehnte dauern. Doch hindert das nicht, auf dem durch die Theorie vorgezeigten Weg zu forschen und zu praktizieren. Das eindrucksvollste Beispiel ist die Theorie von Albert *Einstein,* die Relativitätstheorie, für die Physik. Sie entstand etwa zur gleichen Zeit wie die psychoanalytische Theorie und wurde ebenfalls jahrzehntelang bekämpft und angezweifelt. Als allerdings im Sommer 1945 zwei pampelmusengroße Materiebälle in Japan in Sekunden zwei Großstädte in Schutt und Staub verwandelten, war ein weiterer Zweifel an Einsteins Theorie – vereinfacht Materie = Energie und umgekehrt – kaum möglich. Der rasante Fortschritt der Wissenschaft und Technik unserer Zeit beruht andererseits ebenfalls auf dieser Theorie und der Quantentheorie von Max *Planck,* wie selbstverständlich deren Weiterentwicklung durch eine Reihe anderer bedeutender Forscher.

Doch zurück zum Thema Traum. Die von Freud und Jung begründete wissenschaftliche Traumforschung blieb nicht bei ihren Anfangsergebnissen stehen. Eine Reihe wichtiger Entdeckungen kam hinzu. Vor allem die Entdeckung des *Kollektiven Unbewußten* durch C. G. Jung in den zwanziger Jahren. Die Entschlüsselung der Traumsymbolik wurde zunehmend vervollständigt und damit das Verständnis der Trauminformationen fortlaufend erweitert. Doch um genau zu sein, so bestimmt, wie wir auf der ersten Seite dieses Kapitels vom Traum als solchem sagen, daß er zum Leben jedes Menschen gehört und eine lebensnotwendige Funktion darstellt, ließ sich das bis vor rund zehn Jahren noch nicht behaupten. Es fehlte tatsächlich ein objektiver experimenteller Beweis. Das ›Institut für Träumen und Schlafen‹ der Universität Chicago unter Führung von N. *Kleitman* und W. *Dement* und ihr Forschungsteam haben ihn geliefert.

Großversuch über das Träumen

Die technologischen Grundlagen für eine experimentelle Untersuchung des Träumens bot die moderne Hirnforschung. Sie trug entscheidend zu neuen Erkenntnissen über die Zusammenhänge und Wechselwirkungen zwischen Körpergeschehen und seelischen Prozessen bei. Hier ist der russische Forscher und Physiologe Iwan P. *Pawlow* (1849—1936) zu erwähnen. Pawlow ist vor allem durch seine *Reflextheorie* und seine Experimente mit den nach ihm benannten *Pawlowschen Hunden* bekannt. Doch gehört er zu den großen Forschern unserer Zeit, die recht früh erkannten, daß das materialistische Denkmodell allzu simpel ist und für eine Erklärung der geistig-seelischen Tätigkeit des Menschen nicht ausreicht. Er fand, daß psychische Erscheinungen weitaus komplexer sind, als daß sie mechanistisch erklärt werden könnten.

Pawlow stellte die Theorie auf, daß das Psychische im Gehirn als elektrische Erregung in Erscheinung tritt. So schrieb er: »Könnten wir durch die Schädeldecke in das Hirn einer bewußt denkenden Person blicken, und wäre der Ort der optimalen Erregung leuchtend, dann sähen wir einen hellen Fleck mit fantastischen, flakkernden Rändern über die Oberfläche des Hirns huschen, in Größe und Form ständig wechselnd und umgeben von mehr oder weniger tiefer Dunkelheit, die den Rest der Hirnhälften bedeckt.« Beweisen konnte Pawlow das allerdings nicht. Doch modern ausgedrückt, hatte er bereits die Idee einer *Hirnelektronik*. Der Beweis ist einer Entdeckung des deutschen Neurologen Hans *Berger* (1873—1941) zu verdanken. Berger war das von C. G. Jung entwickelte galvanische *Assoziationsexperiment* bekannt, auf dessen Grundlage in den zwanziger Jahren in den Vereinigten Staaten der sogenannte *Lügendetektor* entwickelt wurde. Berger begann ebenfalls in dieser Richtung zu experimentieren. Er wollte wissen, wie der elektrische Strom erzeugt wird, der beim Jungschen Experiment die Galvanometernadel zum Ausschlagen bringt. Er entdeckte, daß das Gehirn selbst Elektrizität erzeugt und daß die Reize in den einzelnen Hirnpartien durch elektrische Wellen zustande kommen. Seine Idee war es, den Versuchspersonen Silberelektroden an Stirn und Hinterkopf zu befestigen, statt ihnen wie zuvor Elektroden in die Hand zu drücken. Er sagte sich, daß die Verarbeitung und Reaktion auf Reizworte ja ihren Ursprung im Gehirn haben muß.

Joh. Heinrich Füssli: Alptraum
(Zeichnung, 1810)

Die Apparatur, die Berger entwickelte und mit der es ihm möglich war, die Muster der Hirnwellen, die synchron mit gedanklichen Vorstellungen auftreten, in grafischen Bildern sichtbar zu machen, nannte er *Elektroencephalograph*, heute unter der Abkürzung *EEG* bekannt. In Deutschland allerdings wurde Bergers Entdekkung nicht ernst genommen. Es war die Zeit vor dem Krieg, als die Biologie und die Rassenforschung den Vorrang hatten. Die weitere Erforschung der Hirnelektronik fand in England, und zwar in Cambridge, im Labor des Hirnforschers William Grey *Walter* statt.
Grey Walter verbesserte das EEG erheblich. Es ist heute ein Gerät mit acht Kanälen zur Aufzeichnung einzelner Hirnstrommuster. Walter entdeckte noch eine Reihe weiterer Hirnwellen und

auch die Wellen und Muster, die den Schlaf begleiten. Ebenso beobachtete er kleine spindelförmige Wellenmuster, die beim Träumen auftreten. Weckte er die Versuchspersonen plötzlich, wenn die *Spindeln* sichtbar wurden, gaben diese jedenfalls an, gerade geträumt zu haben. Die einzelnen Schlafphasen wie Eindämmern, Halbschlaf, mittelfester Schlaf und Tiefschlaf sind an anderen Hirnwellen erkennbar. Damit war die wichtigste Experimentiermöglichkeit geschaffen, um gezielt die Zusammenhänge zwischen Körpergeschehen und Traum zu untersuchen.

Diese Versuche wurden ab 1955 in Chicago begonnen, wie bereits erwähnt von Kleitman und Dement, und zwar im großen Stil. Sie richteten in ihrem Institut eine Schlafklinik mit den modernsten technischen Hilfsmitteln der Diagnostik ein. Die Schläfer sind mit Aufzeichnungs- und Signalgeräten verbunden, die den Assistenten eine durchgehende Kontrolle erlauben. Werden Traummuster signalisiert, wird der Schläfer geweckt und seine Angaben auf Tonband aufgenommen. Als Kleitman und Dement ihre ersten ausführlichen Berichte veröffentlichten, waren bereits über zehntausend Versuchspersonen in bezug auf Schlafen und Träumen getestet worden. Eine so hohe Zahl von Versuchen ist nach den mathematischen Gesetzmäßigkeiten der Statistik mehr als ausreichend, um allgemeingültige Aussagen zuzulassen.

Seither sind wir nicht mehr auf theoretische Überlegungen angewiesen. Wir wissen jetzt mit Sicherheit, daß jeder Mensch träumt und daß das Träumen lebensnotwendig ist. Die wichtigsten Ergebnisse dieser Versuche im einzelnen sind folgende:

Im Verlauf einer Nacht träumt der Schläfer etwa drei- bis viermal in Abständen von 30 Minuten oder einem Mehrfachen davon.

Die Traumphase ist kurz und dauert zwischen 1–10 Minuten. Sie beginnt mit bestimmten Augenbewegungen, so daß der Anfang des Träumens genau festzustellen ist.

Wird ein Schläfer konsequent geweckt, wenn das EEG den Beginn eines Traumes anzeigt, reagiert er am nächsten Tag neurotisch. Er ist verstimmt, kann sich nicht konzentrieren u. a. m. Er holt diesen Traumentzug in der nächsten Nacht nach. Die Traumphasen werden jetzt entsprechend länger. Die Versuchsperson verschafft sich gewissermaßen einen Ersatz für die in der Nacht zuvor gestohlenen Träume.

Wird eine Person auf längere Dauer am Träumen gehindert –

wohlgemerkt am Träumen und nicht am Schlafen —, treten anfänglich bei Tage Bewußtseinsstörungen und Halluzinationen auf. Dann kommt es zu Depressionen. Nach etwa spätestens sieben Nächten mit andauerndem Traumentzug erfolgt ein totaler seelischer Zusammenbruch, im Zustand einer Psychose vergleichbar. Ohne eine lebensbedrohliche Gefährdung der Versuchsperson läßt sich das Experiment nicht fortsetzen.

Die Träume sind also notwendig. Und zwar unabhängig vom Schlaf. Die gewohnte Schlafdauer der Versuchspersonen wird nicht verkürzt. Werden sie regelmäßig im Tiefschlaf geweckt — während welcher Schlafphase nicht geträumt wird —, macht ihnen das am nächsten Tag nichts aus. Das körperliche Ausruhen im Schlaf und das Träumen sind demnach zweierlei. Natürlich ist der Schlaf die Vorbedingung für das Träumen, wenn wir von Wachträumen absehen, die es ja auch gibt. Die im EEG nachweisbare Hirnaktivität ist ebenfalls eine Voraussetzung für das Träumen. Die Hirnaktivität zeigt jedoch lediglich an, daß eine *geistige* Tätigkeit stattfindet. Anders gesagt, eine bildhafte Vorstellungstätigkeit ist im Gange, verbunden mit einem dem Träumer nicht bewußten Denkprozeß.

Da bei Traumentzug anschließend an den Schlaf Bewußtseinsstörungen, Verstimmungen und Depressionen auftreten, muß die Traumtätigkeit einen Sinn haben. Sie muß notwendig für eine Bewußtseinsklarheit im Wachzustand sein. Allgemeiner gefaßt, das Träumen ist unerläßlich für die Aufrechterhaltung des seelischen Gleichgewichts.

Die Bedeutung des Traumgeschehens, die Auswertung der auftauchenden Bildinformationen des Traumes und ihre Auswirkungen auf das psychische System, das gehört bereits zur Psychologie des Traumes und in den folgenden Teil der wissenschaftlichen Deutungstechnik. Die *Deutung der Träume,* die sicher die Leser mehr als alles andere interessiert, wird durch Beispiele aus der Praxis erläutert. Auf die Theorien von Adler, Freud und Jung zur Traumdeutung einzugehen, so interessant sie historisch gesehen auch sind, wird aus Raumgründen verzichtet. Alles Wissenswerte darüber findet sich in meinem Heyne-Taschenbuch ›Psychoanalytische Begriffe‹ in der Reihe ›Kompaktwissen‹ Band 7.

TEIL II

Die Psychologie der Träume und ihre Deutung

Warn- und Wandlungsträume

»Ich lag auf meinem Bett in einem langen weißen Hemd. Um das Bett herum waren Kerzen aufgestellt, und es hieß, daß ich sterben muß. Irgendwelche Männer kamen herein und stellten einen Sarg auf. Zu meiner Verblüffung sah ich, daß sie meine schönsten Kleider aus dem Schrank nahmen und in den Sarg legten. Ich wartete und wartete. Plötzlich klingelte es. Ich ging zur Tür. Draußen stand mein Mann. Er sagte nichts, aber er rieb sich die Hände.«
Frau Gaby K., vierundzwanzig Jahre alt, seit einem Jahr verheiratet, erzählt diesen Traum. Sie ist recht aufgeregt. Der Traum hat sie erschreckt. Es ist bereits zwei Monate her, daß sie das träumte, und der Traum ging ihr nicht aus dem Kopf. Sie erzählte ihn einer Freundin, die ein ›Arabisches Traumbuch‹ zu Rate zog. Und da las sie:
»Wenn einer träumt, er ist gestorben, aber noch nicht begraben, so wird an seinem Haus eine Mauer einstürzen. Wenn der Träumer aber den Toten seine Kleider anträgt, so wird er sterben.«
So eine Auskunft ist tatsächlich erschreckend. Gaby K. erzählt zwar, sie habe natürlich nicht im Ernst daran geglaubt, was in diesem Traumbuch steht. Vielleicht doch? Ihre Aufregung ist nicht gespielt. Am meisten beeindruckt hat sie, daß sich ihr Mann in diesem Traum über ihren Tod freut. Das hat sie auf den Gedanken gebracht, daß sie ihrem Mann nichts mehr bedeutet. Prompt begann sie ihn unter diesem Aspekt kritisch zu beobachten. Sie begann Vergleiche mit der ersten Zeit ihrer Ehe anzustellen und glaubte eine zunehmende Interesselosigkeit ihres Mannes zu bemerken. Daraus ergaben sich Streitigkeiten. Ihr fiel auf, daß ihr Mann häufiger als zuvor auf Geschäftsreisen war. Nun dachte sie, ihr Mann könnte eine Freundin haben.
Vorab: Der Fall von Gaby K. zeigt, welchen Schaden obskure Volkstraumbücher anrichten können. Das sogenannte ›Arabische Traumbuch‹ geht auf die Traumsammlungen und Zusammenstel-

lung von typischen Traumbildern der Ägypter, Assyrer und Babylonier zurück, die diese auf Tontäfelchen aufzeichneten. Die Traumforschung stand bei diesen Völkern in hohem Ansehen. Das Studium ihrer Traumkataloge in den von Sprachforschern heute vorgenommenen Übersetzungen zeigt, daß es bereits vor drei- bis viertausend Jahren eine erstaunlich modern anmutende Traumforschung gab, sofern man alle religiösen und kulturellen Erscheinungen dieser frühen Kulturvölker berücksichtigt und die Bedeutung von Symbolen zu ihrer Zeit in Betracht zieht. Diese Traumsammlungen wurden nun über Jahrhunderte und Jahrtausende hinweg immer wieder abgeschrieben und in andere Sprachen übersetzt. Und zwar ohne jegliches Verständnis der echten Symbolbedeutung und meist auch in völliger Unkenntnis der geheimen Nebenbedeutung. Was heute an derartigen Traumbüchern, ob arabisch oder ägyptisch, existiert, ist bis zur Unkenntlichkeit entstellt und schlicht gesagt als Humbug zu bezeichnen.

Das galt es, Gaby K. als erstes zu erklären. Dann wurde sie um nähere Angaben zu ihrer Ehe aus der Zeit bis zu ihrem Traum gebeten. Sie ist es ja, die den Traum geträumt hat. Es ist eine persönliche Botschaft ihres Unbewußten an sie. Mit dem Nachlesen der Symbolbedeutung im Lexikon, auch wenn dieses wissenschaftlich fundiert ist, ist es nicht getan. Die Kenntnis der Symbolbedeutung ist eine wichtige Hilfe für die Deutung von Träumen. Doch die persönliche Vorgeschichte des Träumers gehört dazu. Allgemein gültige Deutungserklärungen für Personen, Tiere, Gegenstände und Handlungen im Traum gibt es nicht. Der Traum ist – von wenigen Ausnahmen abgesehen – stets auf die Situation des Träumers bezogen.

Ein *weißes Hemd,* wie es Gaby K. im Traum anhat, kann eine positive wie eine negative Bedeutung haben. Es kann ein Hinweis auf eine allzu kindliche, auf eine erfreuliche wie auf eine bedrohliche Situation sein.

Was Gaby K. über ihre Ehe berichtete, war kurz zusammengefaßt folgendes: »Bis zu dem Traum glaubte ich, daß wir eine ganz normale Ehe führen. Mein Mann hat wenig Zeit für mich, wie das halt so bei Männern ist, die im Beruf vorwärts kommen wollen. Er lebt nur fürs Geschäft. Ich sehe ein, daß das wichtig ist. Hunderttausend anderen Ehefrauen geht es sicher ähnlich. Ich habe mich auch nicht ernsthaft beklagt.

Natürlich gab es in unserer Ehe auch hin und wieder einen handfesten Streit. Mein Mann warf mir immer vor, ich sei zu putz-

süchtig. Ich meinte dazu, er solle doch froh sein, eine Frau zu haben, die immer schick angezogen ist. Früher hat er sich ja über jedes neue Kleid von mir gefreut.
Andere Streitgründe gab es eigentlich nicht. Vielleicht habe ich zu viel Geld ausgegeben. Zu sparen fällt mir halt schwer. Mehr kann ich nicht sagen. Bis zu dem Traum war unsere Ehe, jedenfalls habe ich das geglaubt, ganz normal.«
Krankheiten ernsterer Natur werden von Gaby K. nicht angegeben. Weder für sich noch für ihren Mann. Die Ehe ist kinderlos. Mit einem Kind wollen sie noch warten. Irgendwelche bedrohlichen Umstände in der näheren Verwandtschaft werden verneint. Wie ist dieser Traum zu deuten? Eine Krankheitssituation liegt weder körperlich noch seelisch vor. Eine leichte Ehekrise ist vorhanden. Aber wie Gaby K. richtig bemerkt, derartige Konflikte sind normal und kommen in Hunderttausenden von Ehen vor. Warum erscheint aber im Traum diese Sterbeszene? Ein derartiges Bild kann eine sensible Person durchaus schockieren. Und das ist ja auch der Fall. Vielleicht ist die Ehekrise ernster, als es Gaby K. annimmt? Ein sehr wichtiger Hinweis dafür ist nämlich der Umstand, daß Gaby K. sich entschlossen hat, einen Psychotherapeuten um Rat zu fragen. Dazu entschließt sich eine Frau nicht so ohne weiteres, nur um sich einen Traum deuten zu lassen, auch wenn er etwas beängstigend war.
Wir wissen bereits, daß jeder Mensch mehrmals jede Nacht träumt. Doch er ›träumt‹ gewissermaßen auch bei Tag. Wir können uns das so vorstellen, daß jeder Mensch beständig eine Unzahl von unterschiedlichsten Reizen, *Informationen,* wahrnimmt und zwar weitaus mehr, als ihm bewußt ist. Er registriert jeden Eindruck, jede Erfahrung, jede Äußerung und Handlung seiner Mitmenschen und auch das eigene Verhalten. Kurzum, in der *Kommunikation* mit der Umwelt findet ein beständiger *Nachrichtenaustausch* statt. Alle diese Informationen speichert das Gedächtnis wie ein Computer. Davon nimmt das *Bewußtsein* nur eine sehr kleine Anzahl auf. So viel, wie jeweils zur Erledigung der üblichen Tagesaufgaben und die sich ergebende Auseinandersetzung mit Mitmenschen erforderlich ist. Trotzdem wertet die *Psyche,* einer Zentrale für Nachrichtenverwertung vergleichbar, sämtliche Informationen aus. Sie werden mit früheren Erlebnissen und Erfahrungen verglichen. Was wichtig erscheint, aber im Augenblick das Bewußtsein überfordern würde, wird gewissermaßen an die Abteilung *Trauminformation* weitergegeben.

Diese Abteilung unseres psychischen Systems, die uns während des Schlafes mit notwendigen Informationen über zweckmäßige Verhaltensweisen informiert, bedient sich dabei einer symbolischen oder *Bildersprache.* Das, was wir als Traum bezeichnen, ist gewissermaßen eine Nachrichtensendung, die auf einem *inneren Bildschirm* abläuft. Das psychische System, das das Lebendige programmiert, kontrolliert und steuert, ist weitaus umfassender als das, was wir als Bewußtsein oder unser *Ich-Bewußtsein* empfinden. Deshalb hat die Tiefenpsychologie für alles, was über das Bewußtsein hinausgeht, den Begriff des *Unbewußten* eingeführt.
Nach diesen einführenden Überlegungen können wir annehmen, daß der Traum von Gaby K. eine Botschaft enthält, die sich auf unzählige für das Bewußtsein unwichtige und von ihr nicht beachtete Informationen stützt.
Nun wollen wir die einzelnen Traumbilder und Traumhandlungen nacheinander untersuchen.
Das *erste Bild* im Traum von Gaby K. zeigt, *daß sie in einem langen weißen Hemd auf dem Bett liegt. Es sind brennende Kerzen aufgestellt, und es heißt sogar, daß sie sterben muß.* Doch dieses Bild ist kein Grund zur Besorgnis. Das *Sterben im Traum* deutet nicht auf einen leiblichen Tod hin. Vielmehr auf einen *Wandlungsvorgang.* Das weiße Hemd, die brennenden Kerzen, die ganze feierliche Situation, wie sie durchaus zum kultischen Sterberitual der christlichen und auch anderer Religionen gehören, entsprechen ja der Vorstellung, daß der Tod nur der Übergang zu einer anderen Art von Leben ist. Der Körper ist sterblich, die Seele nach religiöser Vorstellung unsterblich. Die Seele macht dabei eine Wandlung durch. Sie wird von der Körperlichkeit, von allen materiellen Äußerlichkeiten, befreit.
Dieses Bild ist die *Einleitung* des Traumgeschehens. Wenn aber das Unbewußte den Traum mit einer so ernsten Situation einleitet, dann muß das auch als ein ernstes Warnsignal gedeutet werden.

Im *zweiten Akt* dieser Bildvorführung, die im Traum wie auf einem inneren Bildschirm abläuft, wird es bereits dramatisch. *Männer kommen herein und stellen einen Sarg auf. Zur Verblüffung der Träumerin nehmen sie ihre schönsten Kleider aus dem Schrank und legen diese in den Sarg.* Es sollen also offensichtlich nur die schönen Kleider, die Gaby K. so liebt, beerdigt werden. Das ist recht merkwürdig. Nun, der Traum will sagen, daß der notwendige Wandel in der seelischen Einstellung sich auf die

Kleider bezieht. Wie sagte Gaby K. in dem kurzen Bericht zu ihrer Ehe? »Mein Mann warf mir immer vor, ich sei zu putzsüchtig.«

Der *dritte Akt* ist kurz und spannend. *»Ich wartete und wartete. Plötzlich klingelte es. Ich ging zur Tür. Draußen stand mein Mann.* Das Warten erhöht die Spannung. Das Klingeln ist ein Signal. Es lenkt die Aufmerksamkeit auf etwas, was jetzt gewissermaßen als Höhepunkt der Traumgeschichte kommen wird. Wer draußen vor der Tür steht, ist der Ehemann. Bisher war er nicht in Erscheinung getreten. Es waren unbekannte Männer gewesen, die den Sarg brachten und die Kleider hineinlegten. Sich der Sache mit der Putzsüchtigkeit bewußt zu werden, ist also ein Problem, das die Träumerin allein angeht. Es liegt nicht am Ehemann, wenn die Ehe in eine Krise gerät und er, wie Gaby K. sagte, keine Zeit für sie hat.

Wir können noch einen Schritt weiter gehen in der Deutung. Das *Haus* oder die *Wohnung* haben in der Traumsymbolik die Bedeutung des *Seelengehäuses.* Wenn der Ehemann *draußen vor der Tür* steht, muß die Träumerin das auch als einen Hinweis dafür verstehen, daß sie ihren Mann vielleicht weniger in ihr *seelisches Leben* einbezogen hat, als ihr bewußt ist.

Das *vierte* Bild bringt die Lösung der Traumgeschichte. *Der Ehemann sagt nichts, aber er reibt sich die Hände.* Es ist das kürzeste, aber wichtigste Bild des Traumes. Simpel gesagt, er ist erfreut. Worüber? Doch wohl darüber, daß sich seine Frau ihm seelisch öffnet. Daß sie nicht mehr wie tot auf ihrem Bett liegt, sondern gesund und munter in der Lage ist, die Tür zu öffnen, muß damit zusammenhängen, daß die Putzsucht zuvor in den Sarg gelegt wurde.

Doch gerade dieses letzte Traumbild, daß sich ihr Mann so freut, hat Gaby K. erbittert. Weil sie der unsinnigen Auskunft des ›Arabischen Traumbuches‹ aufgesessen war und die Situation real auf ihren Mann bezog. Das ist falsch. Denken wir immer daran, daß der Traum ein persönliches Erlebnis des Träumers ist. Alle Bilder und Figuren im Traum stammen aus seiner Psyche. Der Ehemann im Traum bedeutet erst in zweiter Linie den eigenen Mann in seiner Wirklichkeit. Vordergründig steht das Bild des Ehemannes als Hinweis auf das eigene Verhältnis, also die eigene *Beziehung zum Ehemann.*

Wir sehen, daß es bei der Deutung eines Traumes nicht nur darauf ankommt, die einzelnen Personen, Gegenstände usw. auf ihre symbolische Bedeutung zu untersuchen, sondern daß es ebenso notwendig ist, die Traumhandlung zu interpretieren. Wir haben dabei den Traum wie ein Theaterstück in die einzelnen Akte aufgeteilt. Es zeigte sich am Beispiel des Traumes von Gaby K., daß die Psyche ebenso folgerichtig wie der Autor eines Theaterstücks oder der Drehbuchautor eines Films eine Konfliktsituation zu einem dramatischen Höhepunkt hin entwickelt. Der Ausgang der Geschichte, das Schlußbild, ist für den Träumer der Hinweis für die Auflösung des Konflikts, der in der Lebenswirklichkeit zu einem Problem für ihn geworden ist oder es in Kürze werden wird.

Häufiger kommen *Wandlungsträume* zur Zeit der Lebensmitte vor, so zwischen 45 und 55 Jahren. Es ist die Zeit, in der der Körper eine Reihe von Veränderungen durchmacht, speziell in bezug auf die Funktion der Hormonproduktion. Bei der Frau beginnen sich die ersten Anzeichen der Menopause bemerkbar zu machen. Beim Mann ist es ähnlich. Ebenso aber macht die Psyche eine Wandlung durch. Eine statistische Auswertung unseres Traummaterials ergibt, daß der Traum sich dabei überwiegend ähnlicher Bilder bedient wie im Traum von Gaby K. Sterbeszenen und alles, was damit zusammenhängt, stehen dabei an erster Stelle. Derartige Träume können, wie im Fall von Gaby K., bedeuten, daß eine unbewußte Seite der eigenen Persönlichkeit zu wichtig genommen wird und *begraben* werden sollte. Es kann ebenso heißen, daß der Träumer eine Begabung, ein bestimmtes Interessengebiet aus irgendwelchen Gründen im Leben vernachlässigt hat. Dann gibt der Traum auch meist einen Hinweis, daß diese unbeachteten Fähigkeiten entwickelt, das Interesse *wieder belebt* werden soll. Träume, in denen Begräbnisse, Tote usw. auftauchen, können auch besagen, daß die Beziehung zu einem Verwandten, einem guten Freund oder wichtigen Person abgestorben ist.

»Mein aufregendster Traum war: Ich sah mich selbst im Sarg liegen. Herum standen mein Mann, meine Tochter, mein Sohn und die Enkelkinder. Alle weinten herzzerbrechend. Alles war so schmerzhaft im Traum, daß ich selber, als Tote, weinte.«

Der Traum stammt von Hedy G., einer Dame Mitte Fünfzig, die sich selbst als moderne, flotte Oma bezeichnet. Sie liefert auch gleich eine eigene Deutung des Traumes dazu. Der Traum war für sie ein eindrucksvolles Erlebnis. Sie sagte sich, es könne ja auch in der Wirklichkeit so sein. Und dabei kam ihr zu Bewußtsein, daß sie sich viel zu intensiv um das Leben ihrer Familienangehörigen kümmere. »Ich war heilfroh«, sagte sie, »daß das nur ein Traum war. Sicherlich bin ich nun viel großzügiger meiner Familie gegenüber geworden. Ich nehme auch nichts mehr so tragisch.«

Frau Hedy G. hat den Sinn der Traumbotschaft verstanden. Wenn man auch noch so modern und flott ist, Sohn und Tochter, die selber schon Kinder haben, wollen ihr eigenes Leben leben. Sie wollen nicht ewig bemuttert werden. Manchen Müttern fällt es schwer, sich damit abzufinden, daß die Kinder erwachsen sind und ihre eigenen Wege gehen. Doch als Großmutter muß man diese Tatsache annehmen.

Hier zeigt das *Sterben im Traum* die Notwendigkeit des Sterbens der allzu besorgten Mutter und der *Wiedergeburt* in der Rolle der toleranten und großzügigen, mehr beratenden als bestimmenden Großmutter. Was keineswegs besagt, daß eine Frau von Mitte Fünfzig nicht modern sein und der Lebenswirklichkeit gegenüber aufgeschlossen sein soll. Im Gegenteil! Nur, ihre eigenen Interessen dürfen jetzt durchaus im Vordergrund stehen.

»Ich werde von verschiedenen Personen irgendwo überrascht, meistens bei mir zu Hause in der Wohnung. Plötzlich stehe ich allein und – werde erschossen. Manchmal werde ich auch gesteinigt. Ich wache dann schweißgebadet und wie gerädert auf. Und ich bin froh, daß es nur ein Traum ist.«

Marlen S., die diesen Traum erzählt, ist vierundzwanzig Jahre alt. Sie lebt seit drei Jahren allein in einem Ein-Zimmer-Appartement, obwohl die Eltern ein großes Haus und einen Betrieb haben und sie gern bei sich haben würden. Allerdings, die Eltern leben in einer sehr kleinen Stadt. Dort kennt jeder jeden. Viel Abwechslung gibt es da nicht, und über ein junges unverheiratetes Mädchen wird dort geredet. Das hat ihr nicht gepaßt, und so hat sie eine Stellung als Sekretärin in einer Großstadt angenommen. Sie betont, wie stolz sie darauf ist, selbständig zu sein und ihr eigenes Leben zu leben. Doch einen zufriedenen Eindruck macht sie nicht. Der Traum verfolgt sie – in Variationen – bereits seit mehreren Jahren. Er deprimiert sie, und sie weiß sich nicht mehr zu helfen. Einen Verlobten oder einen festen Freund hat Marlen S. nicht. Sie gibt einige kurzdauernde Verhältnisse mit Männern zu. Unerfreuliche sexuelle Erlebnisse verneint sie. Sie erklärt, schwer Kontakt zu finden und lieber für sich allein zu sein.

Nun, *gesteinigt* zu werden, das ist ja das Schicksal, das ihrer

Namensschwester, Maria Magdalena, in der Bibelerzählung zugedacht ist. Im Alten Testament war es die Strafe für die Ehebrecherin. Der Hinweis für eine sexuelle Problematik ist gegeben. Doch keineswegs im Sinne unerfüllter sexueller Wünsche. Die These von S. Freud, daß der Zweck des Traumes eine Wunscherfüllung ist, speziell ein Ersatz für verdrängte Sexualwünsche, hat sich als ein Irrtum herausgestellt und gilt als völlig veraltet.
Auch das *Erschossenwerden* hier im Traum darf nicht als ein gewissermaßen verkleideter Wunsch nach sexuellem Verkehr gedeutet werden, wie es die Psychoanalyse lehrte. *Freud* und sein Mitarbeiter *Stekel* waren davon überzeugt, daß jeder Revolver und jedes Gewehr im Traum, ja jeder Stock, Schirm oder was sonst irgendwie länglich ist, als Penissymbol zu deuten sei. Gewiß, Freuds Irrtum ist entschuldbar. Die Prüderie und verlogene bürgerliche Sexualmoral der damaligen Zeit brachte es mit sich, daß Sexualkonflikte bei Freuds Patienten im Vordergrund standen. Doch zu unserer Zeit wäre eine derartige Deutung völlig unsinnig.
Es ist vielmehr umgekehrt. Marlen S. ist nicht verheiratet. Es hindert sie niemand daran, eine Beziehung zu einem Mann zu unterhalten, noch macht ihr jemand moralische Vorhaltungen. Doch sie hat die Beziehung zum Elternhaus abgebrochen. Sie ist die einzige Erbin. Die Eltern hätten sie deshalb gern im Haus behalten, weil sie sich eines Tages für die Tochter eine Ehe erhofften und einen Schwiegersohn, der den Betrieb übernimmt. Durch die Trennung vom Elternhaus und damit auch von ihren früheren Jugendbekannten entzieht sich Marlen S. gewissermaßen der Ehe. Das ist ihr Problem.
Das Erschossenwerden darf bei ihr in keinem Fall sexuell gedeutet werden. Es ist ein ernstes Warnsignal. Der Traum zeigt mit diesem Bild sozusagen *Rotlicht* an. Deshalb verfolgt sie auch der gleiche Traum und kehrt immer wieder. So stolz sie auch auf ihre Selbständigkeit ist, ihr Unbewußtes ist klüger als sie. Es weiß, daß Marlen S. infolge ihrer Kontaktschwäche in der gewohnten und geordneten heimatlichen Umgebung besser aufgehoben wäre. Man kann allenfalls sagen, daß infolge einer gewissen Unerfahrenheit die Beziehung zu einem Mann eine überraschende Wendung in ihrem Leben bewirken kann. Durchaus im Hinblick auf eine schmerzliche seelische Verwundung. Doch man kann es noch ernster sehen. Wenn wir von *Rotlicht* sprechen, dann meinen wir, daß hier der Traum auf die Gefahr einer echten *Depression* hin-

weist. Depressive Zustände können bis zum Suicid (Selbstmord) führen. Davon sagt aber der obige Traum nichts.
Echte *Todesträume* sehen anders aus.

Verfolgungsträume und peinliche Situationen

»Einbrecher stehlen aus dem Schaufenster eines Juweliers das wertvollste Schmuckstück. Um das besser zu sehen, nehme ich mein Fernrohr und klettere durch die Dachluke auf das fünf Stockwerke höhere Haus. Einer der Verbrecher schießt auf mich. Ich kann mich zwar noch ducken, rutsche aber ab. Ich will mich festhalten, aber meine Kraft versiegt. Zuerst fällt mein Schuh, dann falle ich.«
Doris H., ein Mädchen von sechzehn Jahren, berichtet diesen Traum. Die körperliche Liebe hat sie noch nicht kennengelernt. Sie hat sich vorgenommen, damit zu warten, bis sie verheiratet ist. Sie ist der Ansicht, daß das für ein Mädchen, das weiß, was es will, kein besonderes Problem darstellt. Nach ihren Angaben ist sie aber gern mit Jungens zusammen. Sie tanzt gern. Auch gegen übliche Zärtlichkeiten hat sie nichts einzuwenden.
Bei diesem Traum können wir sagen, daß er sich mit dem Thema der Sexualität beschäftigt. Der Sinn der Traumgeschichte ist recht eindeutig. Dazu gehört, daß Doris H. erzählt: *»Als ich am Morgen aufwachte, lag ich auf dem Boden. Ich muß aus dem Bett gefallen sein.«*
Ihre *Jungfräulichkeit* ist für Doris H. ein wertvoller Besitz, einem *kostbaren Schmuckstück* vergleichbar. Sie vertritt ihren Standpunkt ganz offen und schmückt sich gewissermaßen damit. In der Einleitung zeigt ihr der Traum aber, daß man nicht allzu sicher sein darf. Das Bild von dem Einbruch im Juweliergeschäft verweist darauf, daß ein kostbarer Schmuck auch gestohlen werden kann.
Um ihr das *näher vor Augen* zu führen, läßt sie der Traum ein *Fernrohr* nehmen. Sie klettert aus der Dachluke ihres eigenen Hauses auf das Dach des daneben gelegenen fünf Stockwerke hohen Hauses. Das *Haus* hatten wir bereits als Symbolbild des *Seelenhauses* – in diesem Fall die eigene Psyche von Doris H. – erklärt. Die *Dachluke* bedeutet die Sichtmöglichkeit aus der obersten Region der Psyche, dem Bereich des Verstandes. Das

Nachbarhaus ist als Hinweis auf die mitmenschliche *Umwelt* zu verstehen. Die Zahl *Fünf* ist in der Zahlensymbolik die Zahl des *natürlichen Menschen.* Der Traum will also sagen, daß die Träumerin ihren Vorsatz, sich ihre Jungfräulichkeit bis zur Ehe zu bewahren, nicht nur aus der eigenen Sicht und vom eigenen Wollen her bedenken sollte. Es ist notwendig, auch die natürlichen menschlichen Gegebenheiten der Umwelt in Betracht zu ziehen. Im Fall von Doris H.: die Situation der Jungen, mit denen sie schmust und Zärtlichkeiten tauscht, muß sie ebenfalls berücksichtigen.

Aus einer Dachluke zu steigen und auf ein fünfstöckiges Haus zu klettern, ist in Wirklichkeit nicht ungefährlich. Das zeigt auch der Traum. Einer der Verbrecher, sagen wir simpel *Herzensbrecher, schießt* auf sie. Ein verliebter junger Mann allein mit einem reizvollen Mädchen kann durchaus *aggressiv* werden. Sie will sich festhalten, doch ihre Kraft reicht nicht aus. So pflegt es ja in der Regel in der Liebe oft zu sein.

Das Schlußbild zeigt: »Zuerst fällt mein *Schuh,* dann falle ich.« Die Lösung des Traumes enthält den Hinweis, daß der beste Wille in der Abwehr gegen die Natur der Liebe oft versagt. Der *Schuh,* in den ein Fuß schlüpft, kann in diesem Zusammenhang als Symbol für die weibliche Genitalität gedeutet werden. Fällt der Körper erst einmal in einen Zustand der Erregung, will der Traum sagen, *fällt* für gewöhnlich über kurz oder lang auch das Mädchen.

Dieser Traum ist ein besonders hübsches Beispiel dafür, daß – entgegen einer weit verbreiteten Ansicht – der Traum keineswegs aus Gründen einer sogenannten moralischen *Traumzensur* uneingestandene oder unbewußte sexuelle Wünsche verkleidet und bis zur Unkenntlichkeit verdeckt. Um hierzu C. G. Jung zu zitieren: »Träume sind keine beabsichtigten und willkürlichen Erfindungen, sondern natürliche Phänomene, die nichts anderes sind, als was sie eben darstellen. Sie täuschen nicht, sie lügen nicht, sie verdrehen und vertuschen nicht, sondern verkünden naiv das, was sie sind und meinen. Sie sind nur darum ärgerlich und irreführend, weil wir sie nicht verstehen. Sie wenden keine Kunststücke an, um etwas zu verbergen, sondern sagen das, was ihren Inhalt bildet, in ihrer Art so deutlich wie möglich.« (C. G. Jung, ›Psychologie und Erziehung‹, Zürich 1950, S. 72 ff.)

Der Traum von Doris H. hat nichts mit einer verdeckten Erfüllung sexueller Wünsche zu tun. Die Psyche ist vielmehr bemüht, ihr mit diesem Traumgeschehen etwas für sie sehr Notwendiges zu zeigen, das ihr Ich-Bewußtsein nicht berücksichtigt oder nicht weiß. Der Traum zeigt es ihr sogar recht drastisch, indem er sie aus dem bequemen Bett beim Erwachen auf den harten Boden – der Realität, wäre hinzuzufügen – fallen läßt.

Ähnlich ist folgender Traum, der von einer Ehefrau stammt. Sie ist über Dreißig und seit mehr als zehn Jahren verheiratet. Nähere Angaben fehlen. Er lautet: *»Ich träumte, daß in unserem Schlafzimmer plötzlich ein Mann hervorsprang und mich mit einem Messer bedrohte. Es war aber nicht mein Mann. Es war zwischen 5 und 6 Uhr morgens.«*

Nach den Deutungsregeln der Psychoanalyse wäre in diesem Traumbild ein verdeckter Sexualwunsch zu sehen. Denn das *Messer*, wie jegliche Waffe, galt als phallisches Symbol und die Bedrohung durch einen Mann als ein Zeichen der männlichen sexuellen Aggressivität. Man kann es so formulieren, aber nach unserer Erfahrung nicht generell. Das *Messer* ist ganz einfach gesehen ein Instrument, mit dem man etwas *zerteilt* und *trennt*. Gewiß, der fremde Mann hinter dem Schrank im Schlafzimmer, das ist ein eindeutiger Ehestörer. Denn es heißt, es war zwischen fünf und sechs. Die Zahl *Fünf* steht hier für die *Ehe* und die Zahl *Sechs* für den *Sex*.

Eine Konfliktsituation der Träumerin, die auf der Diskrepanz zwischen dem leidigen ehelichen Alltag nach einer eingefahrenen Ehe und vielleicht unerfüllten sexuellen Bedürfnissen beruht, ist zu vermuten. Es kann sein, daß die Träumerin mit dem Gedanken an ein außereheliches Abenteuer spielt. Wäre der Mann hinter dem Schrank eine Person, die ihr bekannt ist und zu der eine gewisse erotisch gefärbte Beziehung besteht, wäre eine solche Deutung angebracht. Doch es ist ein *unbekannter* Mann. Es wird sich also eher um eine der Träumerin unbewußte *männliche Seite* ihrer eigenen Persönlichkeit handeln. Es kann sich also auch um ein herrisches Wesen, um Herrschaftsansprüche und vielleicht um auf die Gleichberechtigung der Frau gestützte Forderungen handeln, die für die Ehe bedrohlich sind. Das Messer signalisiert lediglich die Gefahr des Zerschneidens und Trennens.

Der Eindruck, verfolgt zu werden, kann auch ganz allgemein gehalten sein. *»Oft falle ich von einer Leiter. Ich werde oft im Traum verfolgt und muß mich verstecken.«* Das schrieb uns beispielsweise eine Beamtin von Mitte Dreißig. Sie führt dazu an, es sei auch im Leben so. Sie sei bei Beförderungen übergangen wor-

den. Dabei könne sie sagen, daß sie sicher mehr als andere leiste und die Anforderungen ihres Berufs gewissenhaft erfüllte.
Man spricht im Volksmund von der *Erfolgsleiter*. Wenn es im Leben mißlingt, die nächste Stufe des Erfolgs – hier einer Beförderung – zu erklimmen und man zurückfällt, dann liegt es nicht immer nur an der Gesellschaft oder gewissen Umständen eines reformbedürftigen gesellschaftlichen Systems. Besonders, wenn der Traum das gleiche Bild wie im Leben zeigt, ist es ein Hinweis, daß der Träumer die Ursachen bei sich selbst suchen soll.
Hier wird nur gesagt: *»Ich werde oft im Traum verfolgt und muß mich verstecken.«* Für eine exakte Aufklärung der Ursachen, weshalb der Träumer im Leben erfolglos bleibt, ist das zu wenig. Für die psychologische Beratung wie für die Praxis des Seelenarztes gilt die Regel, nur *Traumserien* – also nur eine Reihe von Träumen, die während eines längeren Zeitraumes aufeinanderfolgen – im Zusammenhang zu deuten. Wir greifen hier absichtlich auch auf Träume zurück, die wir vor einiger Zeit im Rahmen einer Umfrage erhielten. Damit verfügen wir über ein umfangreiches Material, das wissenschaftlich besonders wertvoll ist, weil es sich dabei um Träume aus dem normalen Alltagsleben handelt. Um Träume von Personen aus allen Berufsschichten und Altersgruppen. Und zwar von Personen, die nie wegen einer Neurose einen Psychotherapeuten aufsuchten und auch keine Kenntnis der Traumpsychologie und Deutungstechnik haben.
Verfolgungsträume stehen dabei, wie die Auswertung ergab, an zweiter Stelle in der Häufigkeit. Wenn allerdings der Hinweis so allgemein gehalten ist, läßt sich dazu nur sagen, daß sich der Träumer vor dem, was ihn verfolgt, nicht verstecken soll. Das ist keine Lösung für ein Problem. Der Träumer sollte vielmehr seinem Verfolger im Traum, was es auch sei – eine Person, ein Tier oder gar eine bedrohliche Maschine –, mutig entgegentreten und sich genau damit befassen. Wenn es sich beispielsweise um den sprichwörtlichen Stier handelt, der den Träumer verfolgt, dann sollte er sich nicht ängstlich verstecken, sondern ihn auf sich zukommen lassen und bei den Hörnern packen. Wer diesen Ratschlag bewußt überlegt, wird nämlich zu seiner Überraschung erleben, daß bald darauf ein Traum erscheint, der eingehende Hinweise auf Situationen und Umstände enthält, die in der Gestalt von Traumsymbolen den Träumer nur deshalb verfolgen, weil er sie in der Lebensrealität nicht weiter verfolgt und beiseite schiebt. Meist bieten die folgenden Träume dann auch die Lösung an.

Was für die Verfolgung im Traum gilt, gilt auch für *peinliche Situationen* im Traum. Der Träumer soll sie annehmen.
»Plötzlich stand ich splitterfasernackt auf einer Party.« Eine derartige Situation im Traum kommt häufig vor. Und fast jeder hat so etwas in irgendeiner Form schon einmal geträumt. Eine Patientin, Frau Erika B., Anfang Vierzig und seit langem verheiratet, hat diese Situation wie folgt erlebt:
»Ich war im Traum mit meinem Mann bei meiner besten Freundin zu einer Party eingeladen. Es waren fast alle Leute da, die ich so kenne, aber auch einige Fremde. Mein Mann und ich machten uns für diese Party besonders fein zurecht. Und dann passierte das Entsetzliche: Als wir alle im großen Wohnzimmer meiner Freundin standen und miteinander Sekt tranken, sah ich auf einmal, daß mein Mann in Unterhosen dastand.
Keiner der Anwesenden schien das zu bemerken. Ihre Blicke waren nicht auf meinen Mann, sondern auf mich gerichtet. Und als ich an mir heruntersehe, stelle ich fest, daß ich splitternackt bin. Einige der Herren begannen bereits laut zu lachen, und ich schämte mich fast zu Tode.«
Was bedeutet dieser Traum? Er stand, um das vorauszuschicken, nicht im direkten Zusammenhang mit dem Problem, weshalb Frau Erika B. in die Sprechstunde kam. Es war mehr ein Hinweis auf die analytische Situation, wie sie sich zwischen Patient und Psychotherapeut häufig ergibt. Was Frau B. anfänglich erzählte, bezog sich ausschließlich auf ihren Mann. Es war ein langes Register von Fehlern, Schwächen, unerfreulichen Verhaltensweisen, das ich zu hören bekam. An allem war selbstverständlich nur ihr Mann allein schuld. Über sich selbst sprach Frau Erika nicht. Kurzum, nach ihrem Bericht hätte ich annehmen müssen, daß nicht sie, sondern vielmehr der Ehemann beratungs- und behandlungsbedürftig sei.
Doch hören wir, wie ich ihr diese für sie unerklärlich peinliche Traumszene deutete. Ich sagte ihr: »Schauen Sie, die Party im Traum findet bei Ihrer besten Freundin im Kreis Ihres engeren Bekanntenkreises statt. Ihren Freunden sind Sie und Ihr Mann gut bekannt. Man kennt seine Stärken und Schwächen. Wenn Ihr Mann einmal – symbolisch gesprochen, so wie die Seele spricht – in Unterhosen dasteht, wundert sich keiner darüber. Man hat seine Schwächen längst akzeptiert.
Sie haben sich beide für die Party besonders fein gemacht. Der elegante Anzug, das kostbare Abendkleid mögen einen Fremden

beeindrucken. *Anzug* und *Kleid* im Traum können Sie als den Ausdruck der *Persönlichkeit nach außen* hin ansehen. Sagen wir, als das, wie Sie gern gegenüber Ihrer Umwelt erscheinen möchten. Oder so, wie Sie glauben, daß Ihre Mitmenschen Sie sehen. Doch ein guter Freund kennt einen besser. Es sind eben nicht nur die *Kleider, die Leute machen.* Denken Sie an das Märchen von des Kaisers Kleidern.

Die Blicke der Anwesenden sind auf Sie gerichtet. Kein Wunder. Denn Sie sind splitterfasernackt, und nicht Ihr Mann. Vielleicht haben Sie in der letzten Zeit etwas getan, was Sie versuchten, vor Ihren Freunden geheimzuhalten? Und der Traum will Sie darauf aufmerksam machen, daß Ihnen das nicht gelungen ist und man Sie durchschaut. Es kann auch sein, Sie haben sich in letzter Zeit bei Ihren Freunden über Ihren Mann beklagt, so wie bei mir? Der Traum zeigt Ihnen, daß man Ihnen das nicht so ganz abnimmt.

Nehmen wir einmal an, es ist so. Sie schämen sich im Traum fast zu Tode, wie Sie sagen, weil einige der Herren laut zu lachen beginnen. Nun, in Wirklichkeit wäre eher ein nackter Mann auf einer Party ein Grund zum Lachen. Der Anblick einer gut aussehenden und attraktiven Frau, die plötzlich ihr Kleid verliert und splitternackt dasteht, pflegt für einen Mann nicht ohne Reiz zu sein. Unter guten Bekannten und beim Glas Sekt wäre da die Reaktion bestenfalls ein erfreutes Schmunzeln.

Seien Sie sich bewußt, daß dieser Traum einen Sinn hat. Er will Ihnen eine Botschaft übermitteln, die Ihnen helfen soll. In jedem Falle die, daß Ihre guten Freunde Sie und auch die Situation Ihrer Ehe anders sehen als Sie selbst. Darüber müssen Sie sich klar werden. Auf der Traumparty waren allerdings außer allen Ihren guten Bekannten auch Fremde anwesend. Daß diese gelacht hätten, ist im Traum nicht gesagt. Trotzdem, vielleicht war es Ihnen deshalb so peinlich? Ich bin für Sie ebenfalls ein Fremder. Sie haben mir bisher nur die Fehler Ihres Mannes dargelegt. Ist es Ihnen so peinlich, mir über Ihre eigenen Fehler und Schwächen etwas zu erzählen? Hier bleibt es ja unter uns.«

An dieser Stelle sei eingeflochten, daß bei allen Träumen und Krankengeschichten die persönlichen Angaben soweit verändert und allgemein gehalten sind, daß die berufliche Schweigepflicht gewahrt bleibt. Auch wenn die Patienten mit einer Veröffentlichung im Rahmen einer wissenschaftlichen Abhandlung einverstanden sind.

Zum Traum von Frau Erika B. ist zu sagen, daß die Deutung ankam und den gewünschten Zweck erzielte. Sie hatte ihren Ehemann gewissermaßen in der Unterwäsche vorgeführt. Doch damit, daß sie allein ihrem Mann die Schuld gab, entblößte sie sich selbst bereits mehr. Das wurde ihr bewußt und auch, daß falsche Scham die psychoanalytische Aufklärung einer Konfliktsituation nur behindert.

Eine ähnliche peinliche Situation liegt dem Traum von Annelou U. zugrunde. *»Ich träumte, daß ich mit meinem Verlobten auf dem Kurfürstendamm in Berlin spazierengehe, um mir Geschäfte anzusehen. Ich wunderte mich, daß alle Leute mich anstarrten. Wie ich in ein Schaufenster blicke, mußte ich in einem Spiegel feststellen, daß ich nichts anhatte. Mein Verlobter war korrekt angezogen und hatte seinen Hut auf. Doch ich war splitternackt. Das war mir entsetzlich peinlich.«*

Annelou U. ist dreiundzwanzig Jahre alt. Sie ist erst wenige Wochen verlobt. An ihrem Verlobten hat sie nichts auszusetzen. Im Gegenteil! Er sieht gut aus, sagt sie, fährt einen tollen Sportwagen und hat eine Menge Geld. Ihre Freundinnen beneiden sie glühend um diesen Mann. Mehr ist vorerst nicht zu erfahren.

Der Traum kann zweierlei bedeuten. Mag sein, daß ihr das Urteil ihrer Freundinnen wichtig ist. Doch vielleicht hat sie sich mit ihrer Verlobung in der Sicht ihrer allgemeinen Umwelt eine Blöße gegeben. Das können Vorgesetzte, Berufskameraden, die Verwandtschaft und die Nachbarn sein. Vielleicht sieht ihre Umwelt, ohne daß es Annelou bewußt ist, wie sehr sie sich hat von Äußerlichkeiten leiten lassen. Sie geht ja im Traum auf einer eleganten Geschäftsstraße spazieren, um sich Geschäfte anzusehen. Die *Straße* kann symbolisch als eine derzeitige Phase im *Lebensweg* der Träumerin angesehen werden. Doch dort begegnet sie dem *Spiegel,* der ihr ihr Unbewußtes widerspiegelt. Dieser zeigt ihr, daß ihre Einstellung zur Verlobung offenbar unpassend ist.

Der Verlobte, so heißt es, ist korrekt angezogen. Er hat sogar einen *Hut* auf. Der Hut ist ein männliches Herrschaftssymbol und versinnbildlicht gleichzeitig die aggressive männliche Erotik. Doch steht das Bild des Verlobten im Traum für die unbewußte männliche Persönlichkeitsseite der Träumerin. Er deutet den Beweggrund für Annelous Verlobung an, nämlich eine gewisse aggressive Herrschsucht. Von hier aus ergibt sich noch eine zweite, mehr vordergründige Deutung des Traumes.

Wenn wir den Traum gewissermaßen von einer auf die Umwelt bezogenen Warte aus deuten, dann zeigt der Gegensatz zwischen dem korrekt angezogenen Verlobten und der nackten Annelou folgenden Sinn: Während sein Verhalten für die Umwelt normal ist, ist ihres anstößig. Warum? Ihr fehlt die passende Kleidung als Braut. Sie zeigt sich nackt vor aller Welt. Das heißt, sie bietet ihre Reize nach wie vor allen anderen Männern dar, statt durch eine entsprechende Bekleidung zu signalisieren: Ich bin nicht mehr zu haben. Ich bin verlobt und damit gebunden. Vereinfacht gesagt, der Traum zeigt ihr, daß sie die Verlobung nicht ernst nimmt. So war es auch. Nach der Deutung gab Annelou U. zu, daß sie aus gewissen Gründen, die hier nicht erwähnt werden sollen, nicht ernsthaft daran dachte, ihren Verlobten zu heiraten. Bestimmend waren der Neid ihrer Freundinnen gewesen, materielle Vorteile und nicht zuletzt die Aufmerksamkeit, die sie mit diesem Mann bei anderen Männern erregte.

Die Sexualität und der geträumte Liebesakt

»Ich lag am Strand und sonnte mich. Plötzlich tauchte aus dem Meer ein riesengroßer nackter Neger auf. Er kam direkt auf mich zu. Die Situation war bedrohlich. Ich sprang auf und wollte davonrennen. Doch schon war er bei mir. In meiner Angst griff ich zu meiner Handtasche und bot ihm Geld an. Doch wortlos warf er mich zu Boden und drang in mich ein. Ich dachte noch, daß ich ja um Hilfe rufen müßte. Doch statt dessen stammelte ich sinnlose Liebesworte.«
Frau Britta H., die diesen Traum erzählt, ist dreißig Jahre alt. Verheiratet seit fünf Jahren und Mutter eines dreijährigen Töchterchens. Sie hatte in letzter Zeit mehrere Träume dieser Art. War es im obigen Traum ein Neger, dem sie zu Willen sein mußte, wie sie es ausdrückt, so war es in einem anderen Traum ein von Kopf bis Fuß behaarter nackter Mann. *»Ich hatte in die Kirche gehen wollen und benutzte einen Seiteneingang. Doch eigenartigerweise gelangte ich in einen Kellerraum. Der Raum war von Kerzen erleuchtet, und es ertönte eine dumpfe, wilde Musik. Als der behaarte Mann mich ansprang, wollte ich ihn mit dem Buch, das ich in der Hand hielt abwehren. Er lachte nur und zeigte auf den Titel. Er lautete ›Rechenbuch für die Unterklasse‹. Dann zwang er mich, ihn zu lieben.«*

Frau Britta H. kann sich diese Träume nicht erklären. Sie kam allerdings nicht der Träume halber zur Beratung, sondern wegen ihres Ehemannes. Sie fühlt sich vernachlässigt und unzufrieden. Der Ehemann habe nur noch Interesse für seinen Beruf und für seine Hobbys. Das Eheleben sei in den letzten beiden Jahren zu einem gewohnheitsmäßigen Nebeneinander geworden. Sie fragt, was sie tun könne? Sie habe bereits überlegt, ob sie sich einen Liebhaber anschaffen solle, um ihren Mann eifersüchtig zu machen. Immerhin zeigten ja doch ihre Träume, wie unbefriedigend ihre Ehe sei.

Der Traum entstellt und verkleidet die Probleme des Träumers nicht, auch nicht die sexuellen Probleme, wurde im vorigen Kapitel gesagt. Doch stellen die Träume von Frau Britta keineswegs eine sexuelle Wunscherfüllung, eine Art geträumter Ersatzbefriedigung dar, wie sie annimmt. Ihre Träume haben etwas mit der mißlichen ehelichen Situation zu tun und auch mit der Sexualität. Doch wäre der Ausweg mit dem Liebhaber verfehlt. Sie würde so vermutlich ihre Ehe aufs Spiel setzen.

Der Neger, der sie am Strand vergewaltigt, der behaarte nackte Mann, der sie zur Liebe zwingt, das sind leidenschaftliche Gefühlsseiten in ihr selbst, die im Traum als Personen erscheinen. Daß sie von diesen Personen zum Beischlaf gezwungen wird, beweist, daß ihr im bewußten Leben der Zugang zu einer natürlichen, leidenschaftlichen Hingabe fehlt. Der geträumte Liebesakt ist als Hinweis auf die Notwendigkeit der *Vereinigung* von Gegensätzen zu verstehen.

Die Aussprache ergibt folgendes: Die körperliche Liebe findet Frau Britta als sicher notwendig, doch sonderliches Vergnügen verspürt sie dabei nicht. Einen Orgasmus habe sie in den fünf Jahren ihrer Ehe höchstens drei- oder viermal erlebt. Ihr Mann sei früher sehr in sie verliebt gewesen, so habe sie sich ihm auch nie verweigert. Doch ihr Denken könne sie dabei nicht abschalten. Sie gibt zu, daß sie aus einer gewissen Berechnung geheiratet habe. Ledig wollte sie nicht bleiben, und ihr Mann habe ihr die Aussicht auf ein materiell angenehmes Leben geboten.

Allerdings sei das gar nicht mehr so ausschlaggebend. Inzwischen liebe sie ihren Mann und würde sich nie von ihm trennen. Über sein mangelndes sexuelles Interesse wolle sie sich auch nicht beklagen. Im Gegenteil, daß er gelernt habe, sich zu beherrschen, sei ihr nur recht. Sie habe das Gefühl, daß sie ihrem Mann als Mensch zunehmend gleichgültiger geworden sei.

Auf die Frage, ob sie denn nie das Bedürfnis gehabt habe, sich beim Liebesakt völlig fallen zu lassen und nicht zu denken, erschrickt Frau Britta. »Ja«, sagt sie, »das habe ich einmal getan, bevor ich meinen Mann kennenlernte. Eine Freundin hat es mir geraten. Doch es war furchtbar. Ich hatte das Gefühl, daß ich dem Mann, mit dem ich mich damals eingelassen hatte, völlig hörig würde. Zum Glück war mein Verstand nicht ganz geschwunden. Ich verließ diesen Mann nach wenigen Tagen. Monatelang lebte ich in der Angst, daß er mich töten würde, wenn er mich findet.«

Die Hörigkeit ist es also, die Frau Britta fürchtet, die sexuelle Abhängigkeit von einem Mann. Ihre damalige *Flucht vor dem Mann* mag unbewußt richtig gewesen sein. Sie stammt aus einem Elternhaus mit bürgerlicher Tradition und religiösen Grundsätzen. An eine Ehe jedoch dachte ihr damaliger Liebespartner nicht. Er wäre auch von der Familie nicht akzeptiert worden. Doch beweist das Erlebnis, daß sie zu einer leidenschaftlichen Hingabe fähig ist. In der Ehe könnte sie diese ihre Gefühlsseite ausleben. Das ist es, was ihr die Träume signalisieren. Ein ständig wacher, berechnender Verstand verhindert die Entfaltung der Liebe auf eine *höhere* Stufe. Daher verweist sie der behaarte wilde Mann im Traum lachend auf ihr ›Rechenbuch für die Unterklasse‹ und zeigt ihr drastisch, wie sinnlos derlei Art von Abwehr ist.

Die Lebensreise im Traum

Den seelischen Lebensprozeß zeigt der Traum häufig mit dem Symbolbild der Reise.

Frau Hedwig M. aus F. berichtet: *»Ich träume ständig, daß ich verreisen will. Doch es klappt nie. Entweder komme ich zum Bahnhof und habe die Fahrkarte vergessen oder das Geld reicht nicht. Neulich hatte ich im Traum glücklich die Fahrkarte nach S. gelöst. Ich war auch schon im Zug. Als ich nochmals kurz vom Trittbrett auf den Bahnsteig steige, um mich von meinen Bekannten zu verabschieden, fährt der Zug ohne mich ab.«*

Frau Hedwig M. ist Flüchtling aus Pommern, und S. ist ihr Heimatort. Im Traum will sie ständig in ihre Heimat zurückreisen. Doch die Lebensreise geht nun einmal vorwärts und nicht zurück.

Was der Traum Frau H. M. sagen will: Nach zwanzig Jahren hat es keinen Sinn, dauernd der Vergangenheit nachzuhängen. Es ist der falsche Zug, den sie durch eine derartige Lebenseinstellung wählt. Deshalb klappt es auch nicht. Der Zug fährt ohne sie ab, und sie bleibt bei ihren Bekannten auf dem Bahnsteig, das ist ihre gegenwärtige Lebenssituation, zurück.

»Ich fahre mit dem Auto einen steilen Abhang hinunter. Dabei singe ich vor mich hin. Das Auto läßt sich plötzlich nicht mehr bremsen. Ich fahre direkt auf einen Baumstumpf zu. Zum Glück wache ich auf.«

Dieser Traum stammt von Frau Käte E., einer fünfundvierzigjährigen, verheirateten Frau. Natürlich kann man im Traum auch mit dem Auto reisen. Die Eisenbahn ist ein kollektives Transportmittel. Sie verkörpert im Traum gewissermaßen die kollektiven, gesellschaftlichen Meinungen und Verhaltensmuster, die das seelische Leben des Träumers bewegen und steuern. Das Auto dagegen ist ein individuelles Fahrzeug. So deutet es auf Probleme hin, die sich aus der persönlichen Eigenart des Träumers ergeben. Hier signalisiert der Traum sicher eine ernste Gefahr. So fröhlich vor sich hersingend mit dem Auto einen Abhang herunterzufahren, hat nichts mit Optimismus zu tun. Das ist ein kindlicher Leichtsinn. Das gilt es zu bedenken. Der Abhang zeigt an, daß mit 45 Jahren der Höhepunkt des Lebens überschritten ist und es nun unaufhaltsam bergab geht. Deshalb läßt sich das Auto auch nicht bremsen. Der Baumstumpf, auf den die Träumerin zufährt, dürfte ihr Lebensbaum sein. Das ist die allgemeine Symbolbedeutung des Baumes. Im engeren Sinne ist der Baum auch ein Symbol des Weiblichen. Das Bild des Baumstumpfes kann so auf den Beginn der Wechseljahre der Träumerin hindeuten. Da nähere Angaben fehlen, ist nicht mehr zu sagen. Unter Umständen kann dieses Bild eines abgebrochenen Baumes ein noch ernsteres Traumsignal sein. Positiv dagegen ist der Schluß des Traumes. Die Lösung, die der Traum der Träumerin zeigt, ist das Aufwachen. Es bedeutet, daß sie sich ihrer Situation bewußt werden soll. Mehr nicht. Ein Unfall ereignet sich ja nicht im Traum.

Das Bild der Lebensreise im Traum ist mannigfach. Die Reise kann in einem Boot oder auf einem Schiff erfolgen. Doch ebenso zu Fuß. Dabei kann der Träumer auf die verschiedensten Hindernisse stoßen. Eine tiefe Schlucht, ein reißender Fluß oder ein breiter Strom versperren ihm den Weg. Er muß unter Umständen lange suchen, bis er eine hilfreiche Brücke findet. Der Zustand der

Brücke zeigt ihm die Schwierigkeiten, die auch das Leben mit sich bringt, wenn es gilt, Hindernisse zu überbrücken oder in Konfliktsituationen ein neues Ufer zu finden, wo das Leben wieder weitergeht.

Hinweise für die Lösung von Lebenskonflikten versinnbildlicht der Traum oft durch die Ausrüstung des Träumers und durch helfende Traumpersonen, die ihm zur Seite stehen. Derartige Signale können beispielsweise die Schuhe des Träumers sein. Hierzu zwei Träume, die sich ähneln.

Den ersten träumte Evi L., eine bildhübsche Studentin, die sich nur zu bewußt ist, wie sehr sie auf Männer wirkt. *»Ich war in dem Gebirgsort G. und wollte nach L., weil ich dort mit jemandem in der Schule verabredet war. Das Wetter war prächtig. Ich hatte mein schickes Sommerkleid an und rote Schuhe mit hohen Absätzen. Ich hatte keine Lust, auf den Bus zu warten, und beschloß einen Abkürzungsweg über den Berg zu nehmen, der zwischen G. und L. liegt. Wie ich die Hälfte hochgekraxelt bin, sehe ich Dr. Z. auf einem Stein sitzen. Er starrte ziemlich unverschämt auf meine Beine. Ich denke, warum sitzt der da? Da sehe ich, daß Dr. Z. viel zu große Schuhe anhat, denen die Schuhbänder fehlen. Aha, denke ich, mit den Schuhen kommt er natürlich nicht über den Berg. Und lachend gehe ich weiter.«*

Evi L. hatte diesen Traum vor einem wichtigen Examen, das sie zu ihrem Leidwesen nicht bestand. Der Traum hatte es ihr aber vorher angezeigt. Das Bild ist eindeutig. Statt die Reise zur Verabredung in der Schule, der Examenssituation, vorschriftsmäßig mit dem Bus zu unternehmen, verläßt sie sich auf ihr gutes Aussehen. Doch um einen Berg, der vor einem liegt, zu überwinden, sind attraktive Stöckelschuhe nicht das passende Schuhzeug. Dr. Z. ist der Assistent ihres Prüfers. Er steht im Traum hier für das notwendige Wissen zum Examen. Er ist es, der nicht weiterkommt, weil seine Schuhe zu groß sind und die Schuhbänder fehlen. Die Träumerin geht lachend weiter, statt die Situation des Dr. Z. auf sich zu beziehen. Der *Fuß* symbolisiert den Standort im Leben, der *Schuh* das Hilfsmittel, sich fortzubewegen. Das wäre im Falle von Evi L. das notwendige Wissen für das Examen, das durch die Schuhe von Dr. Z. veranschaulicht wird. In Wirklichkeit ist sie es, die darin hin- und herrutscht und der die Schuhbänder, die feste Verbindung dazu, fehlen. So fällt sie dann auch prompt durch das Examen.

Karl M., ein Ingenieur, der sich um eine neue Stellung beworben hatte, träumte folgendes: »*Ich befand mich auf einer Gebirgswanderung. Vor mir lag auf einem Gipfel eine Alm, deren grüne Wiesen im Sommerlicht leuchteten. Ich wollte unbedingt da hinauf. Doch ich wußte, daß mein Weg nur daran vorbeiführte. Die Felswand zu ersteigen, erschien recht schwierig. Ich hatte Wanderschuhe an, doch es waren nur Halbschuhe. Trotzdem beschloß ich, den Aufstieg zu wagen. Ich dachte, wenn ich rechts um den Berg herumgehe, findet sich vielleicht eine Möglichkeit. Nachdem ich einige Zeit um den Berg herumgegangen bin, kommt mir zu meiner Überraschung Herr B. entgegen. Er scheint zu wissen, was ich vorhabe. Denn wortlos reicht er mir aus seinem Rucksack ein Paar kräftige Bergstiefel und zeigt mir einen versteckten Pfad, der in einer Serpentine auf die Alm führt.*«

Herr Karl M. hat seine Stellung erhalten. Wie er berichtet, erinnerte er sich durch den Traum an einen früheren Vorgesetzten, Herrn B., mit dem er seine Bewerbung besprach. Dieser gab ihm eine Empfehlung und machte ihn auf einige für die Bewerbung wichtige Umstände aufmerksam.

Dieser Traum enthält außer den Schuhen noch eine Reihe weiterer positiver Symbole, die aus dem Teil IV dieses Buches zu ersehen sind.

Ich sagte bereits, daß ich in diesem Buch nicht nur Träume besprechen will, die aus der psychotherapeutischen Praxis stammen, sondern vor allem Träume aus dem Alltagsleben normaler Durchschnittsbürger. Der nachstehende Traum wurde mir von der Frau eines Facharbeiters zugesandt, die eine Veröffentlichung von mir gelesen hatte: »*Ich gehe mit meinen fünf Kindern durch einen großen Wald, als plötzlich Wildschweine angelaufen kommen. Ich schicke die Kinder fort ins Gasthaus zu meinem Mann und stelle mich den Tieren in den Weg. Dann sind wir auf einem Schiff, das auf einen gefährlichen Abgrund zusteuert. Ich schimpfe auf meinen Mann. Nach entsetzlicher Anstrengung gelingt es mir, das Schiff vom Abgrund wegzubringen. An einer Straßenbahn-Haltestelle kommt es zum Stehen.*«

Frau Hetty K. aus H., die Träumerin, ist erst fünfundzwanzig Jahre alt. Sie schreibt, sie hätte viel Schweres durchgemacht. Früher sei sie selbstbewußt und froh gewesen. Jetzt sei sie mißtrauisch und ängstlich. Frau Hetty hat tatsächlich fünf Kinder. Ihr Mann hat eine Stellung als Facharbeiter im Ausland angenommen. Da sie auf ihren Mann nicht verzichten wollte, nahm sie an dem Arbeitsort ihres Mannes eine Stellung als Serviererin an.

Doch in dieses Land, das für seine Fremdenfeindlichkeit bekannt ist, durfte sie die Kinder nicht mitbringen. So hat sie ihre Wohnung aufgelöst und die Kinder in einem Heim untergebracht.
Der Traum zeigt, daß diese Lösung falsch ist. Die Wanderung durch den Wald besagt, daß sich Frau Hetty der Gefahr ihrer ›Lebensreise‹ zu ihrem Mann in der Wirklichkeit, die die Trennung für sie und die Kinder bedeutete, nicht bewußt war. *Schweine* sind normalerweise als Haustiere ein Glückssymbol. Sie sind ein Symbol der Fruchtbarkeit und Mütterlichkeit. Daher das Sprichwort: »Schwein haben«. Doch wenn *Wildschweine* die Träumerin und die Kinder bedrohen, dann zeigt der Traum, daß hier die sexuelle Leidenschaftlichkeit der Träumerin die Mütterlichkeit überwiegt. Sie schickt die Kinder ins Gasthaus zu ihrem Mann. Das heißt, daß sie die Kinder in die gleiche Situation gebracht hat, in der sich ihr Mann befindet, nämlich in der Fremde bei fremden Menschen. Das mag für einen erwachsenen Mann angehen, doch Kinder gehören nicht dahin. Daher steuert ihr Lebensschiff auch auf einen gefährlichen Abgrund.
Nun, Frau Hetty K. schreibt, der Traum ginge ihr nicht aus dem Kopf. Die Sorge hätte sie bereits völlig umgewandelt. Das ist auch der Sinn dieses Traumes. Er zeigt, daß es ihr gelingt, das Lebensschiff vom Abgrund wegzubringen. An einer Straßenbahnhaltestelle kommt es zum Stehen. Ich antwortete ihr entsprechend, ihre Sorge sei berechtigt. Doch habe es keinen Sinn, ihrem Mann Vorwürfe zu machen. Der Traum zeigte, daß es an ihr liegt, die unmögliche Familiensituation zu ändern. Doch auch, daß ihr das gelingen wird. Die Straßenbahnhaltestelle ist das Signal für einen Ortswechsel. Die Straßenbahn für die Lebensreise ist ungefährlich. Darin fahren auch alle anderen Leute, die in der gleichen Situation sind. Frau K. hat dann ihren Mann bewogen, seine Stellung zu kündigen, und die Familie lebt wieder zusammen.

Träume von Arzt und Krankenhaus

Krankheiten sind unerfreulich. Doch sie gehören zum Lebensalltag. Der Arzt verhilft zur Gesundheit, und notfalls hilft ein Aufenthalt im Krankenhaus. Auch im Traum erscheint oft der Arzt. Oder der Träumer sieht sich plötzlich in einem Krankenhaus, obwohl er körperlich kerngesund ist. Sogar auf dem Operationstisch sieht er sich im Traum. Die Erklärung für diese Traumbilder ist naheliegend. Die Psyche signalisiert, daß seelische Störungen vorliegen. Daß die psychische Gesundheit bedroht ist und dringend der Betreuung und Hilfe bedarf.

Herr W. K., ein Witwer mit vier Kindern, hat ein zweites Mal geheiratet. Er schreibt: »*Diese Ehe ist nicht gerade harmonisch zu nennen. In Erziehungsfragen gibt es ständig Streit.*« *Er träumt, er stehe mit seiner verstorbenen Frau und den Kindern vor dem Krankenhaus. Ein Karnevalszug kommt vorbei. Die Frau mit den Kindern schickt er nach Hause. Er selbst geht noch in ein Lokal. Dort trifft er eine Jugendliebe, die gern mit ihm zusammenbleiben möchte. Die beiden küssen sich sogar. Im Traum erzählt er das dann seiner Frau, die sehr traurig darüber ist. Mit Angstgefühlen und rasenden Herzschmerzen wacht er schließlich auf.*

Zu dem Traum bemerkt Herr W. K.: »*Meiner jetzigen Frau könnte ich den Traum gar nicht erzählen. Sie würde höchstens eine beleidigende Bemerkung dazu machen. Da behalte ich das lieber für mich.*« Nun, die rasenden Herzschmerzen, mit denen Herr W. K. aufwacht, haben keine organische Ursache. Was ihm der Traum vielmehr sagen will, bezieht sich auf seine Gefühlseinstellung seiner jetzigen Frau gegenüber. Geheiratet hat er zum zweitenmal aus recht nüchternen Beweggründen, weil er sich als Witwer mit vier Kindern allein nicht zu helfen wußte. Dagegen ist nichts zu sagen. Doch ist er sich der Situation seiner Frau nicht bewußt. Vier Kinder anzunehmen, die nicht die eigenen sind, das zeugt von echter menschlicher Liebe und Opferbereitschaft. Die Erziehungsstreitigkeiten, die er hervorhebt, dürften dadurch entstehen, daß er seiner Frau vermutlich dauernd vorhält, wie es die ›Selige‹ besser gemacht hat.

Der *Karnevalszug* und das *Lokal,* wo er sich mit seiner Jugendliebe trifft, zeigen, daß er im Herzen noch immer an seiner verstorbenen Frau hängt und diese Gefühle im Leben wie hinter einer Maske verbirgt. Doch im Traum erzählt er das seiner Frau. Das bedeutet, daß seine Frau in Wirklichkeit darum weiß und zu Recht traurig darüber ist. Das Bild des *Krankenhauses* im Traum zeigt ihm, daß seine psychische Gesundheit bedroht ist, weil er mit seinen Gefühlen nicht in der Gegenwart lebt. Was kränkt, macht krank! In diesem Falle könnte der Träumer das Opfer sein, wenn er sich der ihm vom Traum gezeigten Situation nicht bewußt wird.

Einen eigenartigen Traum hat Herr Hans G., ein fünfzigjähriger technischer Kaufmann. Herr H. G. ist Junggeselle. Seit einiger Zeit hat er wieder eine feste Freundin, wie er berichtet. Zu seiner Überraschung machen sich bei ihm plötzlich Potenzstörungen bemerkbar. Erwähnt sei, daß Herr H. G. eine Glatze hat. *»Im Traum befand ich mich in einem Krankenbett. Zwei Krankenschwestern rollen mich in den Operationssaal. Dort wartet bereits der Chefarzt mit zwei Stationsschwestern und einem Chirurg. Mir soll ein neuer Haarschopf anoperiert werden. Das geschieht auch. Nach der Operation befinde ich mich in einem energiegeladenen Raum.«*
Das *Haar* ist ein Symbol männlicher Kraft und Potenz. Denken wir an die Erzählung von Samson und Dalila in der Bibel. Als Dalila Samson seiner Haarpracht beraubte, war es mit seiner Kraft vorbei. Potenzstörungen können leicht zu einer allgemeinen Niedergeschlagenheit führen. Besonders Junggesellen werden dann oft etwas eigen und zeigen neurotische Symptome. Dabei muß es sich nicht immer um sexuelle Potenzstörungen handeln, wie bei Herrn Hans G. Die Traumhandlung zeigt auf den ersten Anschein, daß seine Potenzschwierigkeiten behoben werden. Ihm wird ein neuer Haarschopf anoperiert und die Operation gelingt. Bedenklich aber ist, daß hier ein ganzes Operationsteam mit vier Krankenschwestern auftaucht. Und noch etwas. Der Traum hat einen Nachsatz. Es heißt: *»Die Operation hat übrigens an Bord eines Raumschiffs stattgefunden, das aus einer fremden Welt gekommen ist. Der Chirurg will mich zu einem neuen Mitarbeiter in diesem Raumschiff machen.«*
Der Nachsatz macht den Traum zu einem Gefahrentraum der Alarmstufe I. Daran würde auch die Tatsache nichts ändern, daß Herr H. G. vielleicht ein eifriger Leser von Science-Fiction-Romanen ist. Die Operation, signalisiert der Traum, wird in einem Bereich stattfinden, der nicht zum irdischen Leben gehört. Das Raumschiff, in dem der Träumer als Mitarbeiter des Chirurgen ja bleiben soll, ist als Lebensschiff zu verstehen, mit dem der Träumer seine weitere Lebensreise in eine fremde Welt, in die Unendlichkeit des Kosmos, antreten soll. Das *Raumschiff* ist ein *Ganzheitssymbol.* Darauf deutet die Zahlensymbolik hin. Die *vier* Krankenschwestern als Frauen sind hier das Bild der *irdischen Ganzheit.* Die *Dreizahl* der Männer, der Chefarzt, der Chirurg und der Träumer, sind ein Symbol des *Geistes.* Die Zahl der Personen insgesamt ist *sieben.* Die Zahl Sieben aber gilt in der Zahlensymbolik seit Urzeiten als die Zahl des Universums.

Der Chefarzt kann als die oberste Instanz des Psychischen angesehen werden. Der Chirurg ist der Wandler, der dem Träumer eine neuartige Potenz verleiht, die den Träumer in einen energiegeladenen Raum führt. Doch dieser Raum gehört nicht zur Erde, sondern zu einem Raumschiff aus einer fremden Welt.
Ein Traum wie dieser gehört zu den Träumen, die Lebensgefahr signalisieren. Herrn Hans G. schrieb ich seinerzeit, er möge den Traum als eine ernste Warnung ansehen und unter allen Umständen raschestens einen Arzt aufsuchen und den Traum mit ihm besprechen. Ob er den Rat befolgt hat, ist mir nicht bekannt. Ich erhielt keine Nachricht mehr. So bleibt offen, ob die tatsächlichen Potenzstörungen organischen oder psychischen Ursprungs waren. Es kann sein, daß es sich dabei auch um die ersten Symptome eines organischen Leidens handelte, ebenso können sie psychogener Natur gewesen sein. Ob dem Träumer Gefahr durch eine körperliche Krankheit drohte oder durch psychische Konflikte, sagt der Traum nicht. Der Gefahrcharakter jedoch ist eindeutig.
In vielen Fällen ist mit der Person des Arztes im Traum der Seelenarzt gemeint. So in dem nachstehenden Traum von Frau Alix N.
»Ich träumte, daß ich in einem Kurpark spazierenging. Links von mir war ein Bach. Das Kurhotel, wo der Tanztee stattfand, war auf der anderen Seite. Doch wie ich über die Brücke gehe, sehe ich, daß das Geländer fehlt. Die Ufer sind plötzlich steile Abhänge und der Bach ein reißendes Wasser in der Tiefe. Ich befürchtete, jeden Augenblick in die Tiefe zu stürzen. In größter Angst rief ich: Halten Sie mich, Herr Doktor! Da trat wirklich ein Mann in einem weißen Kittel an meine rechte Seite, packte mich am rechten Arm und hielt mich fest. Ich erwachte schweißgebadet.«
Für Frau Alix N. war der Traum ein Anlaß, ihren Hausarzt aufzusuchen, der keinerlei Krankheitszeichen feststellen konnte. Auch eine gründliche fachärztliche Untersuchung ergab keinen Befund. Frau Alix N. gab sich nicht zufrieden. Sie war überzeugt, daß eine ernste Krankheit im Anzug sei. Als sie den Traum erwähnte, riet ihr der Facharzt zu einer psychotherapeutischen Aussprache. Hier ergab sich, daß Frau A. N., vierundvierzig Jahre alt, seit einigen Jahren Witwe und Inhaberin eines bedeutenden Betriebes, an eine erneute Heirat dachte. Sie schilderte ihren Zukünftigen als einen überaus vermögenden Ausländer. Besitzer

mehrerer Schlösser in Frankreich und Spanien und riesiger Ländereien in Südamerika. Darüber hinaus ein vollendeter Gentleman. Sie hatte ihn in einem bekannten schweizer Prominentenkurort kennengelernt.
Frau A. N. lag, wie sie erklärte, besonders deshalb so sehr an der Gewißheit ihrer Gesundheit, weil ihr zukünftiger Mann auf eine baldige Heirat drängte. Nach der Hochzeit wollten sie nach den Bahamas übersiedeln, wo er ebenfalls einen Traumbesitz habe. Sie müsse auch noch ihren Betrieb veräußern. Denn ihr Vermögen werde sie natürlich mit Hilfe ihres zukünftigen Mannes gewinnbringender in Übersee anlegen. Oder auch in Monaco. Ihr Verlobter sei ein guter Freund des Prinzen Rainier.
Das klang alles etwas fantastisch. Doch Frau Alix N. zweifelte nicht im mindesten an den Erzählungen ihres Zukünftigen. Im Hinblick auf die Traumsituation wurde ihr geraten, ihren Verlobten zu bitten, ebenfalls zu einer Aussprache in die Sprechstunde zu kommen. Aber er erschien nicht. Immer wieder kamen dringende Geschäftsreisen dazwischen. Um es kurz zu machen: Wenige Wochen später wurde der ›südamerikanische‹ Senor verhaftet. Es handelte sich um einen fünfzigjährigen Italiener, einen ehemaligen Kellner aus einem Kasino am Luganer See. Er war ein Heiratsschwindler, der bereits eine Reihe von Frauen um ihr Vermögen gebracht hatte.
Träume beziehen sich nicht nur auf die Person des Träumers. Was die Traumhandlung zeigt, wird oft gewissermaßen stellvertretend für ein Familienmitglied geträumt. Die Erklärung dafür bietet das von dem Begründer der Analytischen Psychologie, C. G. *Jung,* entdeckte sogenannte *Kollektive Unbewußte.* Jung fand, daß nicht nur jeder Mensch eine persönliche Psyche besitzt, sondern daß ebenso ein überpersönliches Psychisches existiert. Oder anders ausgedrückt: Jung wies das Vorhandensein von ›seelischen Feldern‹ nach. Durch ein psychisches Feld, auch *Kollektiv-Psyche* genannt, sind die Menschen ebenso miteinander verbunden wie vergleichsweise das Meer alle einzelnen Wellen, ja alle Wassertropfen vereinigt.
Wir können heute sagen, jeder Mensch steht mit dem anderen durch ein psychisches Kommunikationsfeld in einem unbewußten Kontakt. Dieser Kontakt ist besonders eng zwischen Eheleuten und Familienmitgliedern. Wer sich das noch deutlicher machen will, kann hierfür durchaus auch das Bild einer *Familienseele* für die unbewußte seelische Verbundenheit zwischen Eltern und Kin-

dern, einer *Gruppenseele* für den Kreis der weiteren Verwandtschaft oder der Bekannten usw. verwenden.

»In meiner Küche wimmelt es von großen schwarzen Käfern. Sie kommen unter dem Herd hervor. Und immer eine solche Menge, daß ich kaum die Tür öffnen kann. Dann geht der Traum weiter. Ein Haus brennt. Es ist, glaube ich, ein Krankenhaus. Überall schlägt mir schwarzer Rauch entgegen. Ich finde keinen Ausgang mehr.«

Dieser Traum zeigt höchste Gefahrenstufe an. Eine ältere Dame aus Berlin hat ihn geträumt. Der Herd, die Küche sind in der Sprache des Traumes Symbole der Wandlung, der Verwandlung. Auf dem Herd in der Küche werden Naturprodukte in genießbare Speisen verwandelt. Der Traum sagt in seinem ersten Teil, daß die Träumerin im Bereich der psychischen Nahrung aktionsunfähig ist. Sie kann die Tür, den Zugang, kaum öffnen. Die schwarzen Käfer hindern sie, psychische Informationen in Bewußtseinsinhalte zu verarbeiten. Anders gesagt, ihre Psyche wird von den Insekten beherrscht. Die Symbolbedeutung von *Insekten,* die im Traum in Massen auftreten, ist der Verlust der bewußten, individuellen Persönlichkeit.

Frau J. A., die Träumerin, hat den Traum jedoch für ihren Mann geträumt. Sie hat das Datum genau aufgeschrieben. Vierzehn Tage nach diesem Traum mußte ihr Mann in die Nervenklinik eingeliefert werden. Er hatte, wie sie es sagt, den Verstand verloren.

Im zweiten Teil des Traumes brennt ein Haus. Überall schwarzer Rauch. Sie findet keinen Ausweg mehr. Sie glaubt im Traum, es ist ein Krankenhaus.

Das Haus ist ein Symbol der Seele. Als Krankenhaus ist es das Bild der kranken Seele. Wenn das psychische Zentrum verbrennt, so wie in diesem Traum, daß kein Ausgang mehr gefunden wird, dann ist der Mensch tot. Die Wirklichkeit hat das Geschehen im Traum von Frau J. A. bestätigt. Eine Woche, nachdem ihr Mann in die Nervenklinik eingeliefert worden war, also exakt drei Wochen nach dem Traum, verstarb er.

Wir führen den Traum als Beispiel für das seelische Feld an, das zwischen Eheleuten besteht. Doch es ist in diesem Falle tatsächlich so, daß Frau J. A. ein Traumgeschehen träumt, das für ihren Mann bestimmt ist. Der Traum signalisiert die Geisteskrankheit und den Tod dem Träumer persönlich. Ein Hinweis auf eine andere Person, in diesem Falle auf den Ehemann, ist nicht gegeben. Wie ist das zu erklären? Hier können wir dem psychischen Feld fast eine Eigenpersönlichkeit zuschreiben. Es ›denkt‹ gewissermaßen logisch, als eine Art dritter Bewußtseinszustand für beide. Da der Ehemann vermutlich gar nicht mehr in der Lage war, den für ihn bestimmten Traum zu verstehen, findet der Traum auf dem psychischen Bildschirm seiner Frau statt. Etwa so, als ob die überpersönliche Seele der Eheleute die Traumnachricht auf dem zweiten Kanal sendet, weil der erste Kanal durch technische Störungen ausgefallen ist.

Dieser Traum wird durch die Ereignisse bestätigt. Er ist ein Wahrtraum. Er signalisiert den Ausbruch der Krankheit und den Tod sogar Wochen zuvor. Trotzdem wollen wir hier weder den Begriff *Wahrtraum* noch den des *prophetischen* Traumes verwenden. Der Körperarzt, der bei einem schweren Krankheitszustand vergleichsweise eine zutreffende Diagnose stellt, hält sich auch nicht für einen Propheten. Seine Voraussage gründet sich auf seine Erkenntnis eines bestimmten Krankheitszustandes und sein Wissen über den weiteren Verlauf. Derartige kurzfristige Voraussagen sind für den Arzt eine Selbstverständlichkeit. Das gilt für jede andere empirische Wissenschaft auch. Der Begriff *empirische* Wissenschaft besagt, daß der Forscher erfahrbare Beobachtungen sammelt, diese miteinander vergleicht und so aufgrund eines großen Erfahrungsmaterials bereits aus einzelnen Beobachtungen oder Informationen mit größter Wahrscheinlichkeit auf Ereignisse schließen kann, die erst zu späterer Zeit stattfinden.

Diese Fähigkeit einer kurzfristigen Voraussage, die jeder Naturwissenschaftler durch die bewußte Erfahrung von Tatsachen in seinem Bewußtsein ausbildet, müssen wir der Psyche auch zugestehen. Sie empfängt und registriert ständig, Tag und Nacht, die Reize und Signale, die die Umwelt aussendet. Sie vergleicht ständig mit früheren Erfahrungen und kombiniert, und das weitaus besser als die modernsten Computer. So ist es völlig natürlich, daß auch die Psyche Prognosen stellt. Nur daß sie diese nicht auf Lochkartenstreifen druckt, wie der Computer, sondern auf dem inneren Bildschirm der Träume zeigt. Kurzum: Träume wie der von Frau J. A. sind keineswegs außergewöhnlich. Sie gehören zur Alltagspraxis jedes Psychotherapeuten. Schwieriger dagegen zu verstehen ist das Zustandekommen von Träumen, die ich im nächsten Kapitel besprechen werde.

Wahrträume und prophetische Träume

Um es vorab zu sagen, die Begriffe Wahrträume und prophetische Träume verwende ich ungern. Das erinnert etwas an Okkultismus oder astrologische Horoskopie und andere – wissenschaftlich gesehen – äußerst zweifelhafte Dinge. Begriffe wie *Feldträume* und *Nullzeit-Träume* sind nach dem Stand der heutigen Forschung richtiger. Ich werde diese Begriffe noch erklären. Wenn die obige Überschrift trotzdem gewählt wurde, dann, um jedem Leser zu zeigen, was gemeint ist. Es ist die allgemein noch immer rätselhafte, doch wissenschaftlich einwandfrei belegte Tatsache, daß viele Menschen in ihren Träumen Dinge erleben, die an einem weit entfernten Ort tatsächlich geschehen, oder die im Traum Ereignisse sehen, die erst später geschehen werden.

Die bekanntesten dieser Träume kennen wir alle aus der Bibel. So den *Traum des Pharao von den sieben fetten und den sieben mageren Kühen* – ein Traum, der damals schon richtig gedeutet wurde als eine Wirtschafts- oder Konjunkturprognose. Der Traumdeuter Josef sagte richtig voraus, daß auf sieben Jahre einer großen Weizenschwemme sieben Jahre mit Mißernten folgen würden.

Ebenso werden sich die meisten Leser noch an die Geschichte von König *Belsazar* erinnern, der im Wachtraum die Hand sah, die an eine Wand die Worte schrieb: *»Gezählt, gewogen und zu leicht befunden.«* Ein Kundiger deutete damals den Traum des Königs so: Seine Tage seien gezählt, und man werde ihn nach seinem Tod wiegen und zu leicht befinden. Noch in der gleichen Nacht wurde der König ermordet, sein Reich von den Persern erobert und sein Gewicht von der Geschichte zu leicht befunden.

Ob es mit diesen Bibelerzählungen seine Richtigkeit hat, können wir nicht nachprüfen. Wir wissen allerdings mit Sicherheit, daß die Traumforschung im alten Ägypten nach verblüffend anmutenden modernen Methoden betrieben wurde. Und das nicht etwa von Wahrsagern, sondern an den damaligen Universitäten.

Nachprüfbar und belegt aber ist, daß der amerikanische Präsident *Lincoln* seine Ermordung träumte, zehn Tage bevor sie geschah. Die Ermordung des österreichischen Thronfolgers in Sarajewo am 28. Juni 1914 – die den Ersten Weltkrieg auslöste – wurde genau zwölf Stunden zuvor von seinem früheren Lehrer, dem ungarischen Bischof *Lanyi,* im Traum vorausgesehen.

In seinem Traum sah der Bischof den Erzherzog mit seiner Frau im Auto fahren, sah die Menschenmenge und erkannte, daß aus dieser Menge zwei junge Burschen auf das Auto zuliefen und Pistolen abfeuerten. Weiter erblickte der Bischof in seinem Traum ganz deutlich einen schwarzgeränderten Brief, der die folgenden Zeilen in der Schrift des Erzherzogs enthielt: »Teile Ihnen hiermit mit, daß ich heute in Sarajewo mit meiner Frau als Opfer eines politischen Meuchelmordes falle. Herzlichst grüßt Sie Ihr Erzherzog Franz.«

Das mag an geschichtlichen Beispielen genügen. Sie zählen zu den Ausnahmefällen und sind, wenn auch zweifellos glaubhaft versichert, so doch von den Gewährspersonen erst im nachhinein zu Protokoll gegeben worden. Beeindruckender ist das vieltausendfache Traummaterial von Durchschnittspersonen aus der Praxis der Tiefenpsychologen und Psychotherapeuten. Denn hierbei handelt es sich um exakt datierte Traumprotokolle, die den Inhalt des Traumes wiedergeben und die Einfälle des Träumers dazu. Zu diesem Zeitpunkt weiß weder der Träumer noch der Analytiker, was sie bedeuten und ob irgendein Zusammenhang mit einem realen Ereignis an einem anderen Ort oder zu späterer Zeit gegeben ist. Wenn eine Übereinstimung mit einem tatsächlichen Geschehen besteht, erfährt es der Analytiker nachträglich, und ebenso prüft er anhand von Belegen, wie Briefen, Telegrammen oder anderen Nachrichtenübermittlungen, daß der Träumer zur Zeit des Traumes davon nichts wissen konnte.

Eine alleinstehende ältere Dame berichtet folgende Träume: *»Ich träumte, daß jemand an mein Fenster klopft. Es ist meine Nichte Ellen K. und ein anderes Mädchen. Zu meiner Verwunderung ist Ellen noch ein Schulmädchen von sieben Jahren. Beide Mädchen tragen lustige kleine Schirmchen in den Händen. Ich glaube, ich bin aufgewacht. Danach schlief ich wieder ein und träumte: Ich stehe vor einer engen Gasse mit hohen Mauern. Da kommt Ellen, immer noch siebenjährig, in einem grauen Kleid wie schutzsuchend auf mich zugelaufen. Wieder hält sie ein Mädchen an der Hand, das auch grau angezogen ist. Doch das Mädchen ist gesichtslos.«*

Die Dame, eine pensionierte Beamtin, führt ein angenehmes, ausgeglichenes Leben. Sie hat einen netten Bekanntenkreis und unterhält regen Kontakt zu ihrer großen Verwandtschaft. Sie erfreut sich guter Gesundheit. Irgendein ernstes Problem, auf das die Träume hinweisen könnten, liegt bei ihr nicht vor.

Die Nichte Ellen steht ihr besonders nahe. Diese ist in Wirklichkeit 24 Jahre alt und kürzlich zu einem einjährigen Studienaufenthalt nach den USA gefahren. Sie bittet um eine Deutung der Träume, weil sie wegen ihrer Nichte in Sorge ist.

Üblicherweise sieht der Analytiker im Traum eine Information, die den Träumer selbst angeht. So kann die Nichte Ellen hier eine der Träumerin unbewußte Seite ihrer eigenen Persönlichkeit bedeuten. Daß sie an das *Fenster klopft*, bedeutet, daß sie in das *Bewußtsein drängt*. Das *Kind* daneben deutet auf eine *neue Möglichkeit* hin. Die *Schirme* haben die Bedeutung von *Schutzsymbolen*. Der zweite Traum zeigt klar, daß der Traum mit der Person der Nichte einen unbewußten seelischen Inhalt signalisiert, der des Schutzes bedarf und von der Träumerin angenommen werden soll.

Das zweite Traumbild ist recht bedenklich. Die *enge Gasse* mit den hohen Mauern ist der Hinweis auf eine *geistige Einengung*. Die *graue Kleidung* ist im kirchlichen Leben die *Trauerkleidung*. Ein besonders ernstes Gefahrensignal aber ist im zweiten Traum das Bild des *gesichtslosen* Mädchens. Das heißt, daß die Möglichkeit eines Gesichtsverlustes gegeben ist. Psychiatrisch gesehen ist die Symbolbedeutung dieses Zustandes der *Bewußtseinsverlust* der Persönlichkeit. Mit anderen Worten: der Zustand einer Geisteskrankheit.

Bei einem so unguten Traum ist ein Psychotherapeut in erster Hinsicht um den Träumer besorgt. Gerade weil, wie in diesem Falle, die Träumerin sich völlig gesund glaubt und ihr Leben unproblematisch ist, ist der Gedanke naheliegend, daß die Psyche den Träumer gewissermaßen schonend auf die ihm drohende Gefahr vorbereiten will und an einer Ersatzperson zeigt. Die weitere Aussprache wie auch ein spezifischer Test ergaben jedoch keinerlei Anhaltspunkte. Trotzdem riet ich der Dame, sich in Anbetracht ihres Alters einer vorsorglichen eingehenden Untersuchung bei ihrem Arzt zu unterziehen.

Sie erschien nach vierzehn Tagen und erklärte, ihr Hausarzt sei mit ihrem Gesundheitszustand mehr als zufrieden. Dafür habe sie aber noch einen Traum. Er war von dem Vater der Nichte Ellen K. Sie hatte mit ihm telefoniert und sich nach seiner Tochter erkundigt. Dabei hatte sie ihm von ihren Träumen erzählt. Wenige Tage später erhielt sie von ihm einen Brief. Er schrieb:

»Liebe Käte! Normalerweise träume ich nie. Doch nach Deinem Anruf hatte ich seltsamerweise auch einen Traum, den ich recht merkwürdig finde. Er handelt von Dir. Eine Stimme sagte: Jetzt

Odile Redon: Die Anima im Seelenkern
(Aquarell, 1910/14)

kommt Kätes großer Auftritt! Dann sprachst Du zu mir: Weißt Du, wer uns besucht hat? Die Do ist angekommen. Du führtest mich zu einer Art Ballustrade, wie sie in einer Kirche den Raum vor dem Altar abtrennt. Vor uns in einer Kirchenbank sitzen meine Eltern und zwischen ihnen die Do. Ich denke dabei, das sieht so aus wie die Stifterfiguren auf einem mittelalterlichen Bild. Ich überlege, ob noch im Traum oder beim Erwachen, kann ich nicht sagen: Hat das etwas mit ›ein Kind bekommen‹ zu tun? Unsere Cousine Do ist doch Kinderärztin! – Von Ellen bekamen wir übrigens heute Post. Es geht ihr in Amerika prächtig . . .«
Soweit der Brief. Zu erwähnen ist, daß die erwähnte Cousine Do

tatsächlich Kinderfachärztin ist. Die Eltern des Träumers sind verstorben. Doch lebte seine Tochter bis zu ihrem siebenten Lebensjahr bei den Großeltern, weil der Vater noch in Kriegsgefangenschaft war.

Ein in der Tat merkwürdiger Traum. Von Ellen K. ist darin nicht die Rede. Zu beachten ist die *Stimme im Traum*. Damit signalisiert ein Traum stets eine *Nachricht von besonderer Wichtigkeit*. Worin besteht nun der »große Auftritt« der Tante Käte? Sie hat zuvor mit dem Träumer telefoniert und ihm ihre Träume erzählt, in denen seine Tochter schutzbedürftig an ihr Fenster klopft und sich in einer gefährlichen Situation zeigt. Der Vater hat dem wohl keine Bedeutung beigemessen. Dafür zeigt nun ihm ein Traum, daß Frau Käte die Aufgabe hat, die Warnung an ihn weiterzugeben. Sie kündigt im Traum die Ankunft einer Kinderfachärztin an, die in einer Kirche den Platz zwischen seinen Eltern einnimmt. Bis zu ihrem siebenten Lebensjahr hatte in der Wirklichkeit seine Tochter Ellen diesen Platz.

Im einzelnen enthalten alle drei Träume Warnsignale. Die Einzeldeutung ist wissenschaftlich nur in Beziehung zum Träumer zulässig. Anders dagegen, wenn sie – obwohl von zwei verschiedenen Personen geträumt – als eine zusammengehörige Traumnachricht aufgefaßt werden. Dann spielt die Tante Käte im Traum des Vaters eine ähnliche Rolle als Nachrichtenübermittler wie die Nichte Ellen im Traum der Tante. Nach den Regeln der Logik können wir sie austauschen. Als Formel geschrieben sieht das so aus:

$$\begin{array}{ccc} \text{Ta} & \rightarrow & \text{Va} \\ \text{El} & \triangleq & \text{Ta} \\ \text{El} & \rightarrow & \text{Va} \end{array}$$

Der Leser, dessen Kinder in der Schule in der Neuen Mathematik der *Mengenlehre* unterrichtet werden, sieht bereits, daß wir die Traumpersonen als *Elemente von Mengen* auffassen. Die Felder, die der Lehrer den Kindern mit Kreide an der Tafel anzeichnet, um ihnen den Mengenbegriff zu veranschaulichen, sind in unserem Falle die *seelischen Felder*, in denen die Träume operieren. Doch damit weiß der Leser auch, daß es sich dabei um Symbole in Symbolmengen handelt und bei den drei Personen in der konkreten Wirklichkeit um dingliche Elemente einer Dingmenge. Beide sind nicht dasselbe, d. h. sie sind nicht identisch. Aber sie sind *äquivalent.* Das besagt in der Übersetzung dieses Begriffs aus dem Lateinischen: von gleicher logischer oder sachlicher Geltung. Der Sinn des neuen Unterrichts in der Mengenlehre ist, daß Kinder lernen, die Rechenoperationen mit Mengen, Elementen und Symbolen an der Tafel in ihrer Beziehung zu vergleichbaren Vorgängen mit konkreten Dingen zu verstehen. Statt wie bisher das Einmaleins auswendig zu pauken, erleben sie bildhaft die Wirkung von Symbolen. Statt sich damit zu begnügen, daß beispielsweise $2 \times 3 = 6$ ist und nicht 5, verstehen sie durch das Erlebnis der Symbolwirkung, warum es so ist. So wissen sie, daß von dem Malzeichen die Wirkung einer Vermehrung ausgeht. Es ist gewissermaßen ein Fruchtbarkeitssymbol. Wenn ein Ehepaar dreimal Zwillinge bekommt, dann ist das Ergebnis des Kindersegens 6 Kinder. Das Pluszeichen dagegen hat als Symbol die Wirkung der Vereinigung von etwas Vorhandenem. Die Adoption von drei bereits vorhandenen Kindern durch ein Ehepaar ergibt eine Familie von 5 Personen. Deshalb ist $2 + 3 = 5$.

Diese Art des neuen Unterrichts ist für die Bewußtseinsausbildung, das Erlernen des Modelldenkens und das Symbolverständnis von enormer Bedeutung. Die Frage ist nur, ob wir bei der Traumdeutung ähnlich vorgehen dürfen? Um nach dieser kurzen Abschweifung wieder zu den Träumen zurückzukehren, die mir die alte Dame brachte: Gegen die Vertauschung der Traumpersonen Ellen und Tante Käte, die wir zuvor im Sinne des sogenannten *Analogiebeweises* vorgenommen haben, ist sicher nichts einzuwenden. Denn es handelt sich bei diesen drei Träumen ganz sicher um eine zusammengehörige Nachrichten*menge.* Damit ist für die Deutung der Träume die Annahme zulässig, daß sich der Traum des Vaters K. ebenfalls auf seine Tochter Ellen bezieht. Jedoch nur in dem Sinne eines Symbols mit operativer Wirkung. Mehr nicht. Für die Annahme einer Äquivalenz zwischen Traumgeschehen und Wirklichkeit, das heißt der Bedeutungsgleichheit der Personen im Traum und der konkreten Wirklichkeit, fehlt jeglicher Beweis.

Doch hören wir weiter. Nach etwa fünf Monaten kam die alte Dame, Frau Käte, und berichtete:

»Vor zwei Wochen ist meine Nichte Ellen K. überraschend bei ihrem Vater aufgetaucht. Zusammen mit einem Amerikaner von zweifelhafter Herkunft, Mitglied einer nichtchristlichen Sekte. Sie verlangte von ihrem Vater eine unglaublich hohe Geldsumme mit der Behauptung, sie sei mit diesem Mann nach dem Ritus seiner

Sekte verheiratet. Ellen schien in ihrem Wesen völlig verändert und diesem Mann hörig zu sein. Ihr Vater war verzweifelt. Er argwöhnte, daß Ellen unter dem Einfluß einer Rauschdroge steht. Mehrere Aussprachen mit dem Mann haben das Mißtrauen meines Verwandten nicht beseitigen können. So hat er ihm rundheraus erklärt, eine Heirat könne er nicht verhindern, da Ellen volljährig sei. Doch mit Geld oder irgendeiner sonstigen Unterstützung sei von seiner Seite nicht zu rechnen.
Dann waren die beiden bei mir. Mehr als ein paar tausend Mark konnte ich meiner Nichte nicht geben. Sie hoffte auf einen Bankkredit, den ich aufnehmen sollte, um ihnen eine Existenz zu gründen. Sie waren enttäuscht, als ich ihnen sagte, daß ein Kredit in der geforderten Höhe ganz unmöglich sei, selbst wenn ich es bei meiner Bank versuchte. Dann müssen sie zum Flugplatz gefahren sein. Der Mann ist jedenfalls wieder nach den Staaten zurückgeflogen. Meine Nichte ist anschließend in einen Zustand geistiger Verwirrung geraten. Sie mußte in die Nervenklinik in X. eingeliefert werden. Doch sie ist jetzt wieder normal. Soweit mir bekannt ist, wurde sie aus der Klinik bereits entlassen.«
Erwähnt sei, daß Ellen K. inzwischen wieder völlig gesund ist. Eine echte Geisteskrankheit lag nicht vor. Klinisch war bei der Einlieferung das Zustandsbild gegeben, wie es im Verlauf einer bestimmten geistigen Erkrankung ähnlich auftritt. Ob der Vater mit seiner Vermutung recht hatte, daß der Amerikaner seine Tochter in ein Hörigkeitsverhältnis durch eine gewisse seltene Droge brachte und so eine *artifizielle Psychose* entstand (*artifiziell* heißt: künstlich hervorgerufen), wurde nicht geklärt.
Auf die ursächlichen Zusammenhänge für das Verhalten wie die geistige Erkrankung von Ellen K. soll nicht weiter eingegangen werden. Wesentlich für unser Thema ist, daß die Träume von Tante Käte und Vater K. eine verschlüsselte Nachricht enthalten, die sich auf die reale Person der Studentin Ellen bezieht, die zur Zeit der Träume in einer Entfernung von rund 6000 Kilometern von den Träumern lebt. Und darüber hinaus, daß die Traumbotschaft in etwa auf ein Geschehen hinweist, das sich dann fünf Monate später in der konkreten Wirklichkeit abspielt.
Ist es ein Beweis dafür, daß unter Umständen das Traumbild einer Person äquivalent mit der realen Person ist? Ist demnach der Traum nicht nur eine Nachrichtenübertragung von innerseelischen Vorgängen aus der Psyche des Träumers? Vereinfacht: wird im Schlaf eine Nachrichtensendung von anderen Personen über

Tausende von Kilometern hinweg auf dem Bildschirm des Traumes empfangen? Wenn ja, auf welchem Kanal findet die Nachrichtenübertragung statt? Woher weiß die Person, die einer anderen eine Traumbotschaft sendet, zur Zeit der Sendung bereits, was in Zukunft mit ihr geschehen wird?

Das sind eine Menge Fragen auf einmal. Zuvor noch einige Beispiele:

Vor kurzem träumte eine Mutter, ihre Tochter sei mit dem Fuß in eine Erdspalte geraten. Sie rief mich aufgeregt an und fragte, was dieser Traum zu bedeuten habe. Das Mädchen befand sich zu dieser Zeit in einem Landschulheim, 600 km vom Wohnort der Mutter entfernt. Ich beruhigte sie und riet ihr, sich einfach telefonisch nach ihrer Tochter zu erkundigen. Sie möge mir Nachricht geben.

Die Mutter telefonierte noch am gleichen Tag mit dem Heim und mußte erfahren, daß ihre Tochter zusammen mit einigen älteren Mitschülerinnen heimlich an einer Party teilgenommen hatte. Sie kehrten erst spät nachts heim, als das Tor schon geschlossen war. Die Mädchen kletterten über den hohen Eisenzaun. Dabei blieb die Tochter hängen, stürzte herunter und brach sich den Knöchel.

Aber es muß nicht immer ein Mensch sein, der dem Träumer besonders nahe steht und der dann im Traum erscheint, wenn ihm etwas Tragisches zustößt.

So träumte einer meiner Patienten von einem sehr entfernten Verwandten, er habe einen Autounfall gehabt und sei in ein Bergkrankenhaus eingeliefert worden. Der Träumer hatte von diesem Verwandten außer den obligatorischen Weihnachtsgrüßen zwanzig Jahre lang nichts gehört und gesehen.

Zehn Tage nach dem Traum erhielt er von dritter Seite einen Brief mit der Mitteilung, dieser Verwandte habe tatsächlich in der Nacht des Traumes einen schweren Autounfall gehabt. Das Ganze geschah 1000 Kilometer vom Wohnort des Träumers entfernt. Die einzige Ungenauigkeit in dem Traum bestand darin, daß der Verwandte nicht in ein Bergkrankenhaus eingeliefert worden war, sondern in ein Hospital, wo er von einem Dr. Berger behandelt und operiert wurde.

So eindeutig und realistisch wie hier sind Traumnachrichten allerdings selten. Nach meiner Erfahrung trifft das allenfalls für 1 Prozent aller Träume zu, soweit sie zu einer Deutung nach wissenschaftlichen Grundsätzen gelangen. Doch handelt es sich bei diesem Material bereits um Träume, die von den Träumern für besonders wichtig angesehen werden. In der Regel sind die Traumnachrichten in einer Symbolsprache abgefaßt, auch wenn es sich dabei um SOS-Nachrichten von dritter Seite handelt. Das zeigten die drei Träume, die sich auf die Studentin Ellen K. bezogen.

Es bedarf einer fundierten Kenntnis der Symbole, um den *Code* zu erkennen, den ein Traum benutzt. Nur so ist es möglich, einen Traum zu entschlüsseln und in einen verständlichen *Klartext* zu übersetzen. Ohne eine Kenntnis der Lebensgeschichte und der augenblicklichen Lebensumstände des Träumers ist das kaum möglich. Die spontanen Einfälle des Träumers zu seinem Traum sind für die Deutung ebenfalls wichtig. Sie können eine unbewußte Ergänzung oder Fortsetzung der Traumbotschaft enthalten. Die Traumsymbole, wie sie in Teil IV zusammengestellt sind, enthalten allgemeingültige Hinweise, die durch eine sorgfältige vergleichende Forschung aus Zehntausenden von Träumen gleichsam herausgefiltert wurden. Doch stets kommt es darauf an, wer sie träumt. Der Tiefenpsychologe muß die Möglichkeit haben, den Traum in die Welt des Träumers einzuordnen. Daher ist die Kenntnis der Lebenssituation des Träumers wie seiner Einfälle so wichtig. Am günstigsten ist es, wenn nicht ein Traum, sondern eine Reihe von aufeinanderfolgenden Träumen, eine *Traumserie,* zur Deutung vorgelegt wird. Die Traumserie ergibt erfahrungsgemäß einen weitaus verständlicheren Sinn als der Einzeltraum.

TEIL III

Traumforschung von morgen

Träume, wie sie im vorigen Kapitel besprochen wurden, werden allgemein als *Wahrträume* bezeichnet. Sie sind nicht ungewöhnlich. Sie gehören, wie viele andere rätselhafte Erscheinungen, zu den Vorkommnissen, wie sie alltäglich und allerorten geschehen. Vorkommnisse, wie sie von Ärzten, Psychotherapeuten und Wissenschaftlern, die sich mit einer Analyse menschlichen Verhaltens, menschlicher Geistes- und Seelentätigkeit befassen, in ähnlicher Form tausendfach beobachtet wurden und immer wieder beobachtet werden.

Die öffentlichen Forschungseinrichtungen, Universitäten und staatliche Forschungsinstitute befassen sich mit einer Untersuchung dieser Phänomene jedoch nicht. Die einzige Ausnahme in Deutschland ist das ›Institut für Grenzgebiete der Psychologie und Psychohygiene‹ von Prof. Hans *Bender* in Freiburg im Breisgau. Die Traumforschung stellt wissenschaftliches Neuland dar. Wie ich auf den ersten Seiten dieses Buches nachwies, galt bis vor kurzem noch die ›Erscheinung Traum‹ als ebenso zweifelhaft, wie etwa zur Zeit des späten Mittelalters die Behauptung von *Kopernikus,* daß sich die Erde um die Sonne dreht und nicht umgekehrt.

Inzwischen ist jedoch von Prof. *Kleitman* und seinem Forschungsteam in 15jährigem Großversuch der Nachweis erbracht, daß der Traum zur Organisation des menschlichen Lebens gehört und daß das Träumen eine lebensnotwendige Funktion erfüllt. Damit gewinnt aber die Bedeutung des Traumes als Nachrichtenmedium ein besonderes Interesse. Die Fragen, die die Nachrichtenübermittlung durch Träume aufwirft, sind derart gewichtig, daß sie in naher Zukunft vermutlich eine Revolution der Human-Wissenschaften, wie auch anderer Wissenschaften, einleiten werden. Gewisse an der wissenschaftlichen Forschung aus pragmatischen Gründen interessierte Institutionen wurden auf diese Entwicklung bereits vor Jahren aufmerksam.

In der Sowjetunion arbeiten acht große Institute an der Aufklärung dieser für die breite Öffentlichkeit teils unheimlichen, teils

bezweifelten Phänomene. In den Vereinigten Staaten beschäftigen sich zumindest drei große Universitäten mit der Aufdeckung von Wahrträumen. In Rußland wie in Amerika werden diese Forschungen von der Armee finanziert, und darum sind ihre Ergebnisse vorerst noch geheim. Bei wissenschaftlichen Tagungen sickert immer wieder einmal durch, daß die mit diesen Aufgaben betrauten Forscher hinter Dinge gekommen sind, von denen sich – um dieses treffende Wort zu verwenden – »unsere Schulweisheit nichts träumen läßt«. Worauf jeweils einige spektakuläre Presseberichte folgen.
Kürzlich veröffentlichte der Amerikaner Tom A. *Waters* ein Buch mit dem Untertitel ›Die Entdeckung des Überbewußtseins‹ (in deutsch: ›Psychologistik‹, München 1973). Das ist natürlich ein wenig irreführend. Denn das Vorhandensein eines *Überbewußtseins* ist seit langem bekannt. Der große Seelenforscher *Plotin* (204–270 n. Chr.), der im 3. nachchristlichen Jahrhundert eine wissenschaftliche Lehrtätigkeit in Rom ausübte, beschreibt es bereits. Der Frankfurter Philosoph Max *Scheler* unterschied in seinem im Jahre 1913 veröffentlichten Werk ›Zur Phänomenologie und Theorie der Sympathiegefühle‹ zwischen dem *Überbewußtsein* und dem *Unterbewußtsein.* Die Analytische Psychologie von C. G. *Jung* hat die Erscheinungen eines Überbewußtseins unter dem Begriff des *Kollektiven Unbewußten* und der *Archetypen* seit rund fünfzig Jahren eingehend untersucht. Wenn trotzdem in den USA erst jetzt von einer Entdeckung des Überbewußtseins gesprochen wird, so liegt es daran, daß die amerikanische Psychologie verblüffenderweise noch immer von dem materialistischen Denkmodell des *Behaviorismus* beherrscht wird. Es ist ein veraltetes Denkmodell, das aus dem vorigen Jahrhundert stammt und in dem Dogma gipfelt: Eine Seele gibt es nicht.
Das Handikap für die Traumforschung von heute und morgen ist weniger der Nachweis von der Existenz der Seele, eines Über- und Unbewußten, oder wie immer wir die Erscheinung einer psychischen Steuerung, Regelung und Programmierung des Lebewesens Mensch bezeichnen wollen. Dieser Nachweis ist längst erbracht. Es ist das Fehlen einer modernen Theorie. Mit anderen Worten: Es fehlt ein entsprechendes Denkmodell, das dem neuesten Stand der naturwissenschaftlichen Forschung angepaßt ist. Auf diesen Umstand haben als erste bereits der bekannte französische Naturforscher Jacques *Bergier* und der Wissenschaftsautor Louis *Pauwels* in ihrem Buch ›Aufbruch ins dritte Jahrtau-

send‹ (München 1962) aufmerksam gemacht. In der Zusammenfassung des Kapitels, das sich mit der psychischen Mutation des Menschen und der Entwicklung des Überbewußtseins befaßt, heißt es: »Wir brauchen einen Einstein der Psychologie ... Das weite Gebiet des Überbewußtseins scheint das Forschungsfeld von Mystikern und Magiern geblieben zu sein, und ihre Ergebnisse sind geheime Untersuchungen und schwer entzifferbare Erzeugnisse.«
Mit Recht kritisieren Bergier und Pauwels den längst überholten Streit um die ›Realität der Seele‹. Die materialistische Psychologie leugnet diese, weil sie befürchtet, mit der Anerkenntnis der Seele auch die Existenz Gottes anerkennen zu müssen, an die sie ja nicht glaubt. So wird versucht, das Wesen des Menschen aus den Reflexen von Taufliegen, Plattwürmern oder Ratten zu erklären. Das wichtigste aber, eine zeitangepaßte Erforschung dessen, was den Menschen von allen bekannten Lebewesen grundsätzlich unterscheidet und ihn im eigentlichen Sinne erst zum Menschen macht — sein *Bewußtsein* — mit allen noch unbekannten Fähigkeiten des dem Bewußtsein zugrunde liegenden psychischen Systems unterblieb.
Statt einer weiteren Vorrede zu dem Thema einer ›Traumforschung von morgen‹ führe ich zwei letzte Beispiele von Träumen an. Im ersten Falle ist es allerdings eine Art *Wachtraum*. Er ist den Akten einer psychotherapeutischen Behandlung entnommen.

Aktenvermerk: Nichtapparative Television! Übertragungskanal ungeklärt!

Ines P., 28 Jahre alt, verheiratet, ein Kind, Beruf: Assessorin. Protokoll vom 12. 3. 19 ...: *Durch ein Geräusch im Bad wacht Pat. — 9. 3. — gegen Mitternacht auf. Sie glaubt, es sei ihr Mann, früher als sonst vom wöchentlichen Stammtisch heimgekehrt. Sie drückt den Schalter ihrer Nachttischlampe. Doch in der offenen Badezimmertür steht ihre Schwester Miriam. Diese schaut sie flehend an und streckt ihr die Hände entgegen. Aus beiden Handgelenken quillt Blut. P. springt aus dem Bett. Bevor sie die Tür erreicht, ist diese — mit einem Klagelaut, wie sie zu hören meint — ins Schloß gefallen. Die Schwester ist verschwunden.*

P. kleidet sich hastig an, holt ihren Wagen aus der Garage und fährt gegen 0 Uhr 30 die 120 km nach Stadt B., wo ihre Schwester wohnt. Dort angekommen, weckt sie den Hausmeister, der ihr mit einem Zweitschlüssel die Wohnung öffnet. Im Bad findet sie die Schwester mit durchschnittenen Pulsadern vor. P. bemüht sich, die Blutung durch Abbinden aufzuhalten. Der vom Hausmeister herbeitelefonierte Hausarzt veranlaßt die Einlieferung in das Städt. Krankenhaus. Miriam wird gerettet. Der Suicidversuch wurde – lt. anschließendem klinischen Befund – erst kurz vor Eintreffen der P. gegen zwei Uhr verübt.

Was ging hier vor sich? Handelte es sich um eine Geistererscheinung, um Gedankenlesen, Zukunftswissen? Verfügt Frau P. über paranormale, übersinnliche Fähigkeiten? Über das sogenannte Zweite Gesicht? Sie hat das für ihre Schwester lebensbedrohliche Ereignis gewissermaßen *ferngesehen.* Doch auf welchem Kanal? Wie ist die Zeitverschiebung zu erklären? Das televisionäre Bild ging ja dem Suicidversuch als der Ursache um etwa zwei Stunden voraus.

Aus dem Krankenblatt der Frau P. geht zur Vorgeschichte außer anderen merkwürdigen Begebenheiten noch folgendes hervor:

Protokoll: 7. 6. 19 ... P. berichtet bis in Einzelheiten meinen (d. Psychotherapeuten) gestrigen Tagesverlauf etwa ab 16 Uhr. Sie beschreibt die Personen, die in der Praxis erschienen sind. Sie schildert richtig Theaterbesuch und anschließendes Abendessen bei ... mit meiner Frau. Nennt die Zeit der Rückkehr nach Hause. Erwähnt intime Schlafzimmerdetails, als sei sie dabei gewesen. Auf die Frage, was sie selbst zwischen 16 und 24 Uhr gemacht habe und wo sie gewesen sei, weiß sie keine Antwort. Sie kann sich nicht erinnern.

8. 6. 19 ... Telefonische Rückfrage bei Ehemann ergibt, daß P. am 6. 6. ab mittags die Wohnung nicht verlassen hat.

Ein Forscher sieht in das Gefüge der Mikrowelt

Berlin, Sommer 1890. Kongreß der Chemiker. Die Deutsche Chemische Gesellschaft feiert das fünfundzwanzigjährige Jubiläum der Benzoltheorie. Die Festrede hält Prof. August *Kekulé,* der die Struktur des Benzolringes entdeckte und die entsprechende For-

Schröder-Sonnenstern: Kindertraum (1952)

mel fand. Eine Entdeckung wohlgemerkt, die im wesentlichen die Grundlagen für den technischen Fortschritt unseres Jahrhunderts schuf. Denn ohne die Entdeckung der Benzolstruktur keine Chemische und Kunststoffindustrie, kein Düsenjet und keine Raumrakete. In seiner Rede gibt Prof. Kekulé das Geheimnis preis, woher er die maßgebliche Information bezog. Zur Verwunderung seiner Hörer berichtet er nicht in trockener Formelsprache über ungezählte Experimente im Labor, um darauf seine geniale Theorie aufzubauen. Vielmehr erzählt er, wie er gar nicht so recht weiterkam. *»Ich drehte den Stuhl zum Kamin und versank in Halbschlaf. Vor meinen Augen gaukelten die Atome. Mein geistiges Auge, durch wiederholte Gesichte ähnlicher Art geschärft, unterschied jetzt größere Gebilde von mannigfacher Gestaltung. Lange Reihen, vielfach dichter zusammengefügt; alles in Bewegung, schlangenartig sich wendend und drehend. Und siehe, was war das: Eine der Schlangen erfaßte den eigenen Schwanz, und höhnisch wirbelte das Gebilde vor meinen Augen. Wie durch einen Blitzstrahl erwachte ich; auch diesmal verbrachte ich den Rest der Nacht, um die Konsequenzen der Hypothese auszuarbeiten.*

Lernen wir träumen, meine Herren, dann finden wir vielleicht die Wahrheit!« rief der große Forscher seinen verblüfften Hörern zu. Und mit folgenden Worten schloß er seine Rede:
»Unzählige Keime des geistigen Lebens erfüllen den Weltraum, aber nur in einzelnen, seltenen Geistern finden wir den Boden zu ihrer Entwicklung; in ihnen wird die Idee, von der niemand weiß, woher sie stammt, in der schaffenden Tat lebendig.«
So nachzulesen in den Annalen der Deutschen Chemischen Gesellschaft. Der Geistesblitz, wie Kekulé es nennt, bezieht sich auf das Bild der Schlange, die sich in den Schwanz beißt. Es ist als Symbol des *Ouroberos* bekannt und mit der Entwicklungsgeschichte des Bewußtseins eng verknüpft. Dem Forscher Kekulé verhalf dieses Symbol zu dem entscheidenden *Einfall,* daß die Atome des Benzolmoleküls nicht eine Kette bilden, wie zuvor geglaubt, sondern sich zu einem Ring zusammenfügen.
Jedoch ist die Tatsache einer wichtigen Entdeckung im Traum kein Einzelfall. Beweise hierfür liefern die Tagebücher der großen Forscher und Entdecker zur Genüge. Erwähnt sei nur, daß auch das Atom-Modell von Nils *Bohr* auf einem Traum beruht, entscheidend für die Entwicklung der Atombombe wie der Nutzung der Kernenergie. Und der Chirurg August *Bier* berichtet in seinem Buch ›Die Seele‹, wie sein Lehrer Friedrich *v. Esmarch* die *künstliche Blutleere,* wesentlich für die moderne Operationstechnik, sozusagen im Traum erfand. Die Traumliste glücklicher Einfälle, wie gesagt, ließe sich beliebig füllen. Wenn wir sie durch die Wissenschaftsgeschichte rückwärts spulen, dann reicht sie bis nach Babylon und Alt-Ägypten. Und vermutlich noch sehr viel weiter bis zu den Wurzeln menschlicher Kultur.
Weshalb also stellen wir das Halbschlafbild von August Kekulé hier als Besonderheit heraus? Weil hierzu noch eine weitere Information gehört, die vornehmlich die Forderung des großen Forschers »Lernen wir träumen, damit wir die Wahrheit finden!« als äußerst beachtenswert erweist.
Die Vorstellung von der Ringstruktur des Benzolmoleküls veröffentlichte Prof. Kekulé 1865. Doch wissenschaftlich gesehen war das eine Hypothese. Obschon für die organische Chemie und deren Industrie bereits die Hypothese äußerst nützlich war und ihre Gültigkeit ja indirekt sowohl im kleinen wie im Großversuch bewiesen hat. Trotzdem, es handelt sich um ein gedankliches Modell. Die schönen Drahtgebilde mit farbigen Plastikkugeln, die wir auf Industrieausstellungen sehen, ändern streng genommen

nichts daran, daß sie nur Anschauungsmodelle für Gedankenbilder sind. Ob sie der Wirklichkeit entsprechen, können wir mit Sicherheit nicht sagen. Wellen so hoher Frequenz, um Moleküle zu sehen, vermag unser Auge nicht mehr auf der Netzhaut abzubilden.

Für das Vorstellungsmodell vom Benzolmolekül galt diese Feststellung allerdings nur bis gestern. Inzwischen ist es Prof. Wolf *Walter*, Ordinarius an der Hamburger Universität, gelungen, das Benzolmolekül im Elektronenmikroskop sichtbar zu machen. Ende 1967 veröffentlichte Prof. Walter in der Zeitschrift ›Bild der Wissenschaft‹ ein Röntgendiagramm, das die Entsprechung von Kekulés Traumbild mit der stofflichen Wirklichkeit beweist. Die Übereinstimmung von Traum und Wirklichkeit ist in diesem Fall verblüffend.

Ob August Kekulé verwundert wäre, könnte er das Röntgendiagramm von heute seiner Zeichnung von vor über hundert Jahren gegenüberstellen? Vermutlich nicht. Wie sagte er doch am Schluß seiner Jubiläumsrede: *»Geistige Keime erfüllen den Weltraum. In einzelnen Geistern finden wir den Boden zu ihrer Entwicklung. In ihnen wird die Idee als schaffende Tat lebendig.«* Als Ausspruch eines Gelehrten in einer Rede klingt das wunderschön. Die Überzeugung von dem Sinn seiner Arbeit wie dem Sinn seines Lebens spricht daraus. Doch eine Überzeugung ist der Kategorie Glauben zuzurechnen. Ein Glaube aber, und mag sein Inhalt noch so wahr erscheinen, und das Wissen von der Wirklichkeit sind zweierlei.

Nun gut. Im Falle dieses Moleküls, eines mit den normalen menschlichen Sinnen nicht wahrnehmbaren Objekts, wissen wir heute, daß die *innere Schau* des Entdeckers in das Gefüge der Mikrowelt der stofflichen Wirklichkeit entspricht. Das Elektronenmikroskop — als eine technische Erweiterung des Auges über die Grenzen der natürlichen Wahrnehmungsfähigkeit hinaus — hat dieses Phänomen als eine Realität bestätigt.

Die Frage, die sich hier erhebt, ist, *wie* konnte der Prof. Kekulé die reale Gestaltung ohne die moderne, höchst komplizierte technische Apparatur erkennen? Auf welchem Wege gelangte die Information in das Gehirn des Gelehrten? Besaß sein Gehirn einen noch unbekannten organischen Funktionsbereich, befähigt, quasi in der Art eines Radargeräts das materielle Objekt auf seine unsichtbare Feinstruktur abzutasten oder sendet die Natur auf atomarer oder molekularer Ebene Informationen aus, die — auf welcher

Art Übertragungskanal auch immer – in Kekulés Hirn als Bildempfang erschien?
Der analytisch vorgehende Psychologe spricht im Fall Kekulé von der psychischen Funktion der *Intuition.* Der erste Fall, Ines P., fällt für den Psychiater unter den Begriff *Poröses Ich.* Mysteriös sind die Vorfälle nur für unser gewohntes Zwiedenken. Das ist die hartnäckige Vorstellung einer zweigeteilten Welt, einer Trennung von Natur und Geist, Körper und Seele oder schlicht die Trennung zwischen Physischem und Psychischem. Diese Vorstellung wurde einst von *Aristoteles* begründet. Doch seit rund 2300 Jahren beherrscht sie noch immer das abendländische Denken. Ich bin der Auffassung, daß wir die dualistische Vorstellung aufgeben müssen, daß die *Information,* die ein physikalisches System enthält, und die *Information,* die sich durch einen intuitiven Einfall im Gehirn eines Wissenschaftlers wie Kekulé in der Form von Wissen niederschlägt, zwei völlig unvereinbare Dinge seien. Daß einerseits eine physische Erscheinung, weil physikalisch meßbar, vorliegt und andererseits ein unerklärliches oder gar übersinnliches Phänomen, das aus einem irgendwie jenseitigen Anderswo stammt.
Gelingt es, die Identität zwischen physikalischen Informationen und psychischen Informationen zu beweisen und nutzbar zu machen, so wäre das der Schlüssel für eine wahrhaft revolutionäre *Bewußtseinserweiterung* der Menschheit. Es wird die *psychische Revolution* sein, die das kommende Jahrtausend beherrschen wird. Die Vorarbeiten hierfür sind im Gange.
Die russische Grundlagenforschung ist beispielsweise bemüht, einen Nachweis für die Identität aller Erscheinungen des Lebendigen aus der Ähnlichkeit der Grundformel der Thermodynamik

$$S = k \log n P$$

und der Grundformel der Informationstheorie

$$I = k \log n P$$

abzuleiten. (Zur Erklärung: *S* ist das Symbol für die *Entropie.* Das ist, vereinfacht gesagt, die Summe aller Ausleseprozesse, die den physikalischen Lebensprozeß in allen Bereichen, von der Welt der Atome bis zu den kosmischen Welten des Universums, in Gang hält. *I* ist das Symbol für eine *Informationsmenge,* die insgesamt alle Informationen über das Gesamtgeschehen des Universums enthalten kann.)

Für eine *Theorie der Evidenz* und einer darauf zu gründenden praktischen *Evidenzkunde (Evidenz* bedeutet ein *unmittelbares Bewußtsein)* habe ich bereits um das Jahr 1960 das Denkmodell einer *Psychonik* entwickelt. Dieses stützt sich auf die theoretische Annahme, den kleinsten Teilchen oder Bausteinen, aus denen die Welt besteht, als energetische Faktoren *Psychonen*, wie ich es nenne, zuzuordnen. Aus der Benutzung dieses Denkmodells läßt sich – ohne auf Einzelheiten einzugehen – die Formel

$$E_{\varphi} = E_{\psi}$$

ableiten, die ebenfalls eine Übereinstimmung physikalischer und psychischer Erscheinungen ergibt.

Für mich und meine Mitarbeiter hat sich die *Psychonentheorie* sowohl für die unerläßlichen Gedankenexperimente, wie sie in den theoretischen Naturwissenschaften ebenfalls üblich sind, als auch für praktische Versuche als äußerst brauchbar erwiesen. Das Bindeglied für die Verknüpfung von E φ und E ψ, gleichsam der optische Suchanzeiger für entsprechende Experimente, ist das *Symbol.* Diese Möglichkeit ergibt sich aus der Doppelnatur des Symbols. Das Symbol hat sowohl quantitative wie qualitative Eigenschaften. Der Informationsgehalt von Symbolen läßt sich mathematisch beschreiben und physikalisch messen: als *Bit.* Es hat ebenso einen psychischen Informationsgehalt, eine Bedeutung und *kreative* Wirkung, die sich als *Evidenzgröße* psychologisch untersuchen und beschreiben läßt.

Es soll hier nur die Richtung der heutigen Traumforschung und der Traumforschung von morgen gezeigt werden. Die von Sigmund *Freud* zu Beginn unseres Jahrhunderts begründete wissenschaftliche Traumforschung, die erst jetzt in der Öffentlichkeit immer stärkere Beachtung findet, ist inzwischen zu einem der wichtigsten Hilfsmittel der *Psycho-Kybernetik* geworden. Diese untersucht allerdings mehr als nur die Bedeutung von Träumen als verstehbare Nachrichten des Seelischen. Die Informationen, die Aufschluß über die *Programmierung* des Bewußtseins bieten – der Programmierung des Verhaltens und Erlebens der Einzelperson wie des kollektiven Verhaltens von Gruppen, Sozialgemeinschaften und Staatsverbänden –, gehören ebenso dazu.

Das Ziel ist, wie bereits erwähnt, die Erschließung und Nutzung der *Evidenz*. Anders gesagt, die *Erweiterung der Bewußtheit*. Das Ziel liegt allerdings noch in der Zukunft. Vorerst sind wir dabei, mühselig die Grundbausteine für eine *Evidenzwissenschaft* zusammenzutragen. Doch glaube ich, daß es der Weg ist, um dem drohenden Schreckgespenst einer in Zukunft von Super-Computern bürokratisch gesteuerten Welt zu begegnen. Denn in einer derartigen Welt würde die Freiheit des Menschen, wie es Prof. Max *Horkheimer*, der Altmeister der deutschen Soziologen, in einem Interview aussprach, nur noch dort zu suchen sein, wo sie bei den Ameisen und Bienen zu finden ist.

Was die Zukunft angeht, so bin ich weniger pessimistisch. Ich glaube nicht, daß es der Sinn der Schöpfung ist, den Menschen auf die Stufe des Ameisenlebens zurückzuentwickeln. Gewiß, man kann den Menschen als das Ende einer tierischen Entwicklungsreihe, gewissermaßen als einen intelligenten Überaffen ansehen und propagieren. Das ist die eine Möglichkeit. Die andere ist, zu verstehen, daß der Mensch der Anfang einer Evolution des Bewußtseins ist. Nur steckt das menschliche Bewußtsein allem Anschein noch in seiner Pubertätskrise. Die psychische Reifezeit wird erst beginnen. Eine fast zwei Jahrzehnte umfassende Beschäftigung mit dem Wesen des Traums und seiner Informationsbedeutung bestärkt mich in dieser Vermutung.

Der Zweck dieses Buches ist es, einer breiten Schicht von Lesern Einblick in die Bedeutung und den Sinn der Träume zu geben. So wurde bewußt auf die Darstellung vieler wissenschaftlich bedeutsamer, aber äußerst komplexer Vorgänge verzichtet. Die wissenschaftliche Ausdrucksweise wurde so weit als möglich vereinfacht und Fachausdrücke zusätzlich im Text erklärt. Ebenso kann die Zusammenfassung von Traumsymbolen in Teil IV weder vollständig sein, noch spezifisch fachwissenschaftliche Erklärungsmöglichkeiten enthalten. Den Text wie den Symbolteil möge der Leser als Anregung betrachten, sich mit dem Wesen der Träume zu befassen.

Der Traum ist der Zugang zu einer *inneren* Welt, die ebenso wirklich ist wie die Außenwelt. Was draußen ist, ist auch drinnen, was innen ist, ist auch außen. Das ist die Formel, um die Botschaft der Träume zu verstehen. Doch mehr, es ist das Muster, um die Zusammenhänge zu verstehen und den Sinn im Leben zu sehen.

TEIL IV

Traum-Symbole von A–Z

A

A, Alpha

Das *A* ist der erste Buchstabe des Alphabets. Im griechischen Alphabet ist es das *Alpha* und im hebräischen *Aleph*. Alpha und Aleph waren aber zu früherer Zeit das Zeichen für die erste Zahl, die *Eins*. Die Eins als die erste Zahl und die Zahl, aus der alle anderen hervorgehen, bedeutet in der Zahlensymbolik den geheimen Namen Gottes, den Beginn der Schöpfung. Eine vergleichbare Symbolbedeutung des *A* wie der *Eins* ist bei bedeutenden Träumen noch immer erkennbar. (Siehe *Zahlen*)

Abend

Der Abend im Traum, als Landschaftsbild oder als gefühlsmäßige Stimmungslage erscheint meist in der Einleitung einer Traumhandlung. Es ist ein Hinweis für den Träumer, daß er sich im Traum dem Bereich des Unbewußten nähern wird. Bei Personen in der zweiten Lebenshälfte kann der Abend im Traum ebenso auf den Lebensabend hindeuten (siehe *Dämmerung*, siehe *Nacht*).

Abgrund

Das Bild eines Abgrundes im Traum ist ein *Gefahrensignal*. Es kommt jedoch auf den Gesamtzusammenhang an. Führt der Weg den Träumer an einen Abgrund und nicht weiter, dann ist Umkehr angeraten. Andererseits kann ein schmaler, steiniger und mühevoll aussehender Weg, der in den Abgrund hinabführt, der Hinweis sein, daß der Träumer die ganze Tiefe einer Situation kennenlernen sollte. Findet der Träumer am Abgrund eine Brücke, die ihn auf die andere Seite führt, so ist das als ein positives Zeichen anzusehen. Der Abgrund symbolisiert in diesem Falle Lebensschwierigkeiten, die aber überbrückt werden können. (Siehe *Brücke*)

Abort (siehe *Toilette*)

Abstürzen

Die Situation des Abstürzens im Traum signalisiert einen Verlust. Es kann sich um den Träumer selbst handeln, um andere Personen oder um Gegenstände. Aus der weiteren Traumhandlung ergibt sich meist, ob es sich um eine Fehleinstellung des Träumers zu einer bestimmten Situation oder zu bestimmten Menschen handelt, aus der er gewissermaßen herausfällt. Das kann eine gewisse Überheblichkeit sein, oder auch allgemein ein zu starker Optimismus in bestimmten Lebenslagen. Der Absturz aus einem Flugzeugtraum kann darauf hindeuten, daß sich der Träumer allzusehr von der Lebenswirklichkeit entfernt hat und nun auf den harten Boden der Tatsachen fallen wird. Stürzen andere Personen oder Gegenstände im Traum ab, so ergibt ihre Bedeutung, von welcher Seite dem Träumer ein Verlust droht. (Siehe *Flugträume*)

Acht

Die Bedeutung der Acht im Traum ergibt sich aus der Zahlensymbolik. Nach der Lehre der analytischen Psychologie von C. G. *Jung* sind Zahlen nicht bewußt erfunden worden, sondern sind spontane Erzeugnisse des Unbewußten. Als solche sind sie archetypische Symbole. Die modernen Naturwissenschaften kleiden die Erscheinungen des Lebendigen, ob im Bereich des Allerkleinsten oder im Bereich der kosmischen Vorgänge, in mathematische Formeln. Das heißt, sie setzen materielle Vorgänge in Zahlenbeziehungen. Das Studium der Träume ergibt, daß zwischen psychischen Funktionen und bestimmten Zahlenverhältnissen vergleichbare Beziehungen bestehen. Die Acht im Traum, ein achteckiges Gebilde, wie z. B. der Würfel oder ein achtstrahliger Stern, deuten auf eine Ganzheit hin. Die Acht ist eine doppelte Vier. Die Vier ist das erste Ganzheitssymbol. In der Musik umfaßt die Skala der Töne eine Oktave. In der Kernchemie sind es acht Elektronen, die maximal eine Elektronenhülle füllen. Der Kompaß zeigt außer den vier Grundhimmelsrichtungen noch vier weitere an, also insgesamt acht Himmelsrichtungen. Die indische Weisheitslehre spricht vom achtfachen Weg Buddhas. Für den indischen Yogi ist das Oktogon, der achtstrahlige Stern, das Sym-

bol für die schwererreichbare, doch größte Kostbarkeit. So gesehen können die Acht im Traum, ein achteckiges Gebilde oder ein achteckiger Raum eine äußerst positive Bedeutung haben. Es wird damit eine Vollständigkeit angezeigt.
Andererseits kann die Acht als Ganzheits- oder Vollständigkeitssymbol auch darauf hindeuten, daß in einer bestimmten Situation keine weiteren Möglichkeiten mehr gegeben sind, sofern die weitere Traumhandlung zu einer derartigen Deutung zwingt. In soweit kann die Acht im Traum u. U. die Bedeutung eines Achtungsignals haben. (Siehe *Zahlen*)

Acker

Das Bild eines Ackers im Traum ist doppeldeutig. Es kann ein Hinweis für den Träumer sein, daß eine fruchtbare Phase beginnt. Es kann aber ebenso mit diesem Bild angedeutet werden, daß der Träumer ein bestimmtes Problem bearbeiten muß. (Siehe *Erde*, siehe *Garten*, siehe *Wiese*)

Adam

Nach der Bibel ist Adam der erste Mensch. Die Vorstellung, daß die Menschheit von einem Urmenschen abstammt, findet sich in allen Religionen. Nur daß die Gestalt des Urmenschen jeweils andere Namen hat. Wenn Adam im Traum erscheint, oder sich der Träumer als Adam fühlt, so kann das eine äußerst vielfältige Bedeutung haben. In jedem Falle ist das Bild einer Anfangssituation gegeben. Es kann sein, daß der weitere Traumtext den Träumer schlicht an die Paradiesessituation und an den Sündenfall erinnern will. In der Regel jedoch bedeutet die Gestalt des Adam im Traum als Symbol weitaus mehr. Was so symbolisiert wird, ist die Tatsache, daß mit den Menschen eine neue Organisation des Lebendigen in die Welt gekommen ist. Ein Lebewesen, das als einziges Psychisches und Körperliches in sich vereint. Und nicht, daß der Mensch als Krönung einer tierischen Entwicklung und nackter Affe das Ende der Schöpfung darstellt. Mit dem Bild des Adam im Traum ist der Mensch in seiner Ganzheit als leibliches und seelisches Wesen gemeint. Kurzum, es handelt sich um ein Symbol des Menschlichen in allen seinen Aspekten. Wenn wir dabei an die paradiesische Situation mit Eva denken, so gehören zur Gesamtpersönlichkeit jedes Menschen, die auch den Bereich des Unbewußten umfaßt, sowohl männliche wie weibliche psychische Funktionen. Eine völlig andere Bedeutung allerdings kommt einem Traumbild zu, in dem sich der Träumer lediglich nackt in einer Paradieseslandschaft sieht. (Siehe *Paradies*)

Adler

Nach westlicher Vorstellung ist der Adler der König der Lüfte und ein Herrschaftssymbol. Als Traumsymbol verkörpert der Adler so ein *archaisches Gottesbild (Jung,* Von den Wurzeln des Bewußtseins, Zürich 1954, S. 491), *hohe weitbeschwingte Gedanken, auch verzehrende Leidenschaft des Geistes.* (E. *Äpply,* ›Der Traum und seine Deutung‹, Zürich 1943, S. 377).
In erster Linie bedeutet der Adler im Traum eine positive geistige Situation. Die frühe Psychoanalyse sah im Adler ein übermächtiges Sexualsymbol. Das kann der Fall sein. Doch nicht, wie Freud glaubte, weil der Adler ein großer Vogel ist und weil in der Vulgärsprache der Vogel die Nebenbedeutung für Penis hat. (Vgl. ›Die Deutung des Geiers‹ von S. *Freud* in ›Eine Kindheitserinnerung des Leonardo da Vinci‹, Leipzig 1910.) Eine Sexualbedeutung des Adlers ergibt sich aus dem älteren griechischen Mythos. Dort symbolisiert der Adler die Zeugungsfunktion des Zeus. Der Sternengöttin *Asteria* (nach *Hesiod* die Mutter der *Hekate*) nahte sich Zeus als Adler. Auch mit *Europa* vereinigte sich Zeus ursprünglich in der Gestalt des Adlers und nicht des Stieres (vgl. H. *Kerenyi,* ›Mythologie der Griechen‹, Zürich 1951). Nur handelt es sich bei einer *Götterhochzeit* nicht um eine vulgäre sexuelle Vereinigung, sondern um einen geistigen Vereinigungsprozeß.
Das Bild der Vereinigung des Adlers mit der Sternengöttin symbolisiert die Vereinigung der Gegensätze: Psyche und materielle Welt.
So gesehen kann der Adler auch als ein Bewußtheitssymbol gedeutet werden. Was bewußt werden soll, ergibt sich aus dem weiteren Traumtext. Das Bild eines flugbehinderten Adlers beispielsweise deutet auf die Einengung geistiger Freiheit oder auf die Vernachlässigung geistiger Interessen. Zeigt die weitere Traumhandlung eine echte Sexualsymbolik, so würde der Adler der Hinweis dafür sein, daß eine allzu starke sexuelle Bindung geistige Interessen verhindert. Wenn eine Frau, deren sexuelles Leben nicht erfüllt ist, davon träumt, daß sich ein Adler ihrer bemächtigen will, dann kann dahinter das Muster des *Frauenraubes*

vermutet werden. Besonders bei einer infantilen Einstellung, nicht nur zur Sexualität, sondern zum männlichen Geschlecht generell, sind derartige Traumbilder häufig zu beobachten. Von einem Adler ergriffen und auf sein Nest auf hohem Bergesgipfel getragen werden, ist in der Lebenswirklichkeit zumeist ein tödlicher Vorgang. Insofern muß das Bild als Gefahrsignal verstanden werden. Erfüllt sich der Wunsch der Träumerin und geht ein Mann, der ihr sozial und geistig weit überlegen ist, eine Verbindung mit ihr ein, dann kann das ernste Folgen haben. Ihre psychische Struktur wird für ein Leben auf einer ihr unangemessenen Ebene nicht geeignet sein. Beständige Angst, sozusagen wieder abzustürzen, wird sie psychisch lähmen.

Affe

Nach der Abstammungstheorie von Charles *Darwin* gilt der Affe als der Vorfahr des Menschen. Die moderne Verhaltensforschung spricht vom *nackten Affen,* um menschliche Primitivreaktionen zu erklären. Auf mittelalterlichen Bildern ist es der *Teufel,* der häufig in der Gestalt eines Affen zu sehen ist oder mit einem Affengesicht gezeigt wird. In seiner Menschenähnlichkeit symbolisiert der Affe im Traum gewissermaßen die tierische Seite des Menschen. Da nach der religiösen Vorstellung des Mittelalters das *Animalische* des Menschen als sündhaft galt, wurde der Affe mit dem Teufel gleichgesetzt. Anders dagegen zur Zeit der Antike. In der altägyptischen Religion wurden dem Affen göttliche Ehren erwiesen. Er gehörte zu dem Todesgott *Thoth.* Dort wurde der Affe als symbolische Mahnung verstanden, daß der Mensch in seiner Körperlichkeit sterblich ist, obwohl er sich durch seine Geistigkeit vom Tier unterscheidet.

Entscheidend ist, was der Affe im weiteren Verlauf des Traumes tut. Das können Handlungen sein, die sich auf eine sexuelle Problematik beziehen. Es kann sich aber ebenso — schlicht gesagt — darauf beziehen, daß der Träumer einem zu starken Nachahmungsdrang anheimgefallen ist. Äußerst positiv ist es, wenn sich im Traum eine Wandlung vollzieht, zum Beispiel, daß der Affe ein menschliches Gesicht erhält. Das würde darauf hindeuten, daß sich der Träumer seiner Animalität bewußt werden wird. Kommt dem Affen im Traum die Bedeutung eines Sexualsymbols zu, so ist seine Vermenschlichung ein Signal, daß eine erotische Beziehung seelisch angereichert werden soll. (Siehe *Tiere*)

Alkohol

Der Alkohol beseitigt Hemmungen und senkt das Bewußtsein ab. Er versetzt den Menschen in einen Rauschzustand, der eine Steigerung des Gefühlserlebens, aber auch der Affektivität mit sich bringt. Das Trinken von Wein oder anderen Rauschgetränken im Traum hat eine mehrfache Bedeutung. Es kann dem Träumer anzeigen, daß er bestimmte Probleme allzusehr mit dem Verstand betrachtet. Das gemeinsame Trinken im Traum deutet darauf hin, daß eine Gefühlsbeziehung herzustellen ist. Ausgesprochene Trunkenheit dagegen ist ein Signal, daß der Träumer die Realität des Lebens nicht so nüchtern betrachtet, wie es angebracht wäre.

Alte Frau, Ahnfrau

Taucht im Traum die Gestalt einer älteren Frau auf, die die Züge der eigenen Mutter oder Großmutter trägt, so ist bei der Deutung die Beziehung des Träumers zu diesen Personen zu berücksichtigen. Es kann sich dabei auch um eine ältere weibliche Person handeln, die während der Kindheit einen maßgeblichen Einfluß hatte. Zum Beispiel die Kinderfrau, eine ältere Lehrerin oder eine Tante. Handelt es sich jedoch bei der Gestalt der alten Frau im Traum um eine unbekannte Person, so ist hier nach C. G. *Jung* das archetypische Symbol der *Großen Mutter* gegeben. (Siehe *Große Mutter*)

Alter Mann, alter Weiser

Der alte Mann im Traum, der Greis, sofern er bekannte Züge trägt, ist im Hinblick auf seine persönliche Bedeutung für den Träumer zu deuten. Anders dagegen, wenn es sich um einen unbekannten alten Mann handelt. In diesem Falle ist nach C. G. *Jung* die archetypische Figur des *alten Weisen* aufgetaucht. Es handelt sich dabei um ein zeitloses Ordnungssymbol. Gewiß, zu unserer Zeit mit ihrem Jugendlichkeitswahn wird das Alter für gewöhnlich als etwas Tragisches, wenn nicht gar als eine unvermeidbare Krankheit angesehen. Doch das ist eine Zeiterscheinung der letzten fünfzig Jahre und hängt mit dem Verlust der Religiosität zusammen. Zu allen Zeiten und bei allen Völkern wurde noch bis vor kurzem das Alter mit der Lebenserfahrung und Lebensweisheit gleichgesetzt. Diese Bedeutung hat das Bild des alten Mannes im Traum. Träume, in denen dieses Symbol auf-

taucht, sind stets bedeutsame Träume. Sie signalisieren dem Träumer, daß nicht alles Wissen, das sich auf Generationen gründet, ohne weiteres als unmodern und veraltet abgetan werden darf.
Andererseits kann die Figur des alten Mannes im Traum auch eine negative Bedeutung haben, sofern der Gesamtzusammenhang des Traumes darauf hinweist. Mit dem Bild des alten Mannes kann auch der symbolische Ausdruck der Starrheit und Unverträglichkeit gemeint sein. Diese Mahnung kann an den Träumer selbst gerichtet sein, sofern er sich im Umgang mit seinen Mitmenschen als unverträglich erweist.

Ameisen
Ameisen im Traum sind ein *Gefahrsignal.* Vor allem, wenn Ameisen in Massen auftreten, zeigt die Psyche gewissermaßen *Rotlicht* an. In derartigen Fällen ist es stets angebracht, einen Psychotherapeuten aufzusuchen und ihm den Fall vorzulegen. Ameisen besitzen kein Gehirn, sondern lediglich ein kleines Nervennetz für die Informationsübertragung. Sie sind gewissermaßen kleine Roboter, die nur im Staatsverband leben können und von einer Zentralpsyche programmiert und gesteuert werden. Ob diese Zentralseele des Ameisenstaates in der Königin ihren Sitz hat oder nicht, ist bis heute noch nicht geklärt. In jedem Falle gehört die Ameise zu den Lebewesen, die weder eine irgendwie geartete eigene Persönlichkeit noch einen Funken von Bewußtsein besitzen. Ameisenträume können Störungen im sogenannten vegetativen Nervensystem signalisieren. Die psychotherapeutische Erfahrung hat jedoch gezeigt, daß Ameisenträume überaus häufig vor dem Ausbruch von Psychosen, das sind ernste geistige Erkrankungen, vorkommen. (Siehe *Insekten*)

Amor (siehe *Eros,* siehe *Kind*)

Amputation
Der Verlust eines Gliedes im Traum ist ein Warnsignal. Je nach dem, ob es sich um einen Arm, um eine Hand oder um ein Bein handelt, wird die Deutung entsprechend sein. Wir können dabei die einzelnen Körperteile als Bildausdruck für die entsprechenden

psychischen Funktionen ansehen. Der Verlust eines Beines zeigt so eine Fortschrittsbehinderung an oder den Verlust eines geistigen oder seelischen Standortes. Die Amputation einer Hand kann als der Verlust der Handlungsfreiheit angesehen werden. Zu berücksichtigen ist, durch welchen Umstand oder welche Traumperson die Amputation verursacht wird. (Siehe *Arzt*, siehe *Krankenhaus*)

Apfel

Der Apfel ist nach Lehre des Alten Testaments der Bibel die *Verbotene Frucht* vom Baume der Erkenntnis. Das gilt für die deutsche Übersetzung. Im Urtext der Bibel wird jedoch vom Apfel nicht gesprochen. Es heißt da lediglich die ›Frucht‹. Für die Mittelmeervölker ist der Granatapfel, auch die Feige und die Quitte, die verbotene Frucht. Der Apfel dagegen ist ein uraltes Fruchtbarkeitssymbol. Als ein solches galt er bereits bei den Sumerern, den Kretern und auch den Juden. Diese Bedeutung hat der Apfel bei der Landbevölkerung noch heute.
Erst in der christlichen Mythologie bekam der Apfel eine negative Bedeutung als ein Symbol des *Sündenfalls*. Doch zeigen mittelalterliche Bilddarstellungen Christus, wie er von seiner Mutter Maria einen Apfel annimmt. So gesehen bekommt der Apfel eine positive Bedeutung als ein Symbol der *Erlösung*.
Für die Psychoanalyse ist der Apfel ein typisches Sexualsymbol wegen seiner Ähnlichkeit mit der Form der weiblichen Brust (vgl. W. Stekel, Die Sprache des Traumes, 1911). In den Träumen jüngerer Personen hat der Apfel häufig eine erotische Bedeutung. Dabei ist für die Deutung zu beachten, ob es sich um unreife oder reife Äpfel handelt, um süße oder saure. In den Träumen reifer Menschen ist der Apfel das Symbol für eine geistige Fruchtbarkeit. (Siehe *Früchte*)

Arm

Der Arm ist die Basis der Hand. Symbolisch gesehen heißt das, er ist die Grundlage des Handelns. Entsprechend sind die Lähmung oder der Verlust des Armes zu deuten. (Siehe *Amputation*, siehe *Arzt*, siehe *Krankenhaus*)

Arzt

Der Arzt im Traum ist eine wichtige Symbolfigur. Sein Erscheinen signalisiert, daß das seelische Gleichgewicht bedroht ist, daß irgendeine psychische Funktion des Träumers erkrankt. In der Regel ist er eine hilfreiche Figur und zeigt dem Träumer meist, welche Seite in ihm oder welches Problem behandlungsbedürftig ist. Es kann sein, daß der Arzt lediglich als Warner auftritt. Ebenso kommt es vor, daß der Arzt im Traum eine bestimmte Medizin verschreibt oder Operationen vornimmt. Wie immer ist bei der Deutung die gesamte Traumhandlung zu berücksichtigen. Die Diagnosen des Arztes im Traum erscheinen oft unsinnig. Seine Heilmethoden erinnern an Magie. Die Erfahrung hat jedoch gelehrt, daß der Arzt im Traum psychische Konflikte und auch den Ausbruch körperlicher Krankheiten bereits signalisiert, wenn vielleicht erst lange Zeit später die ersten Symptome feststellbar sind. (Siehe *Krankenhaus*, siehe *Krankheit*)

Atombombe

Erscheint im Traum das Bild einer Atombombe oder gar das einer Atomexplosion, so ist das ein *Gefahrensignal* höchster Stufe. Es ist das Signal für eine psychische oder geistige Spaltung, für eine neurotische Dissoziation, im ernsten Falle für eine Schizophrenie. Da die Atombombe eine kollektive Gefahr für die Menschheit darstellt, muß ein solches Traumbild auch als Hinweis verstanden werden, daß bei einer Erkrankung des Träumers die Umwelt ebenfalls gefährdet ist. Maßgeblich ist der gesamte Traum. Eine Entschärfung der Atombombe, beispielsweise durch den Träumer, könnte eine positive Deutung zulassen. Trotzdem, ein derartiges Symbol im Traum muß in jedem Falle als *Rotlicht* verstanden werden. Psychotherapeutische Beratung ist dringend angezeigt.

Auge

Das Auge ist das wichtigste Kommunikationsorgan des Menschen für den Nachrichtenaustausch zwischen der Außenwelt und seinem Inneren. Der Volksmund bezeichnet die Augen als Spiegel der Seele. Für die alten Ägypter waren Sonne und Mond die Augen der Himmelsgottheiten. »Wär' nicht das Auge sonnenhaft, die Sonne könnt' es nie erblicken!« heißt es bei *Goethe*. Der Dichter wollte damit sagen, daß Sonne und Auge zusammengehören.

Im Traum kommt dem Auge die Bedeutung eines Bewußtseinsorgans zu. Die Behinderung der Sehfähigkeit beispielsweise würde bedeuten, daß ein bestimmtes Problem, oder auch die Lebensmöglichkeit insgesamt, nicht richtig gesehen wird.
Nach der psychoanalytischen Theorie von S. Freud gilt das Auge als weibliches Sexualsymbol. Vermutlich seiner Form halber. Daß eine Stimmungslage am Blick der Augen häufig abzulesen ist, bedarf keiner weiteren Erwähnung. Ebenso, daß der Anblick des Partners in der Liebe reizvoll ist. Der Anblick des Mitmenschen wie die Augensprache beschränken sich aber nicht nur auf die Sexualität.

Auster

Die Auster ist ein Fruchtbarkeitssymbol. In China wird die Auster *Perlenbauch* genannt, weil sie – schwanger von der Perle – dem eine Frucht tragenden Schoß der Frau gleicht. Bei primitiven Völkern legen die Frauen zur Hochzeit Gürtel an, die mit Austernschalen geschmückt sind. Bei allen Völkern und zu allen Zeiten hatte die Auster die Bedeutung eines Sexualsymbols. Bekannt ist, daß die Auster wegen ihres Phosphor- und Nukleingehalts seit dem Altertum als potenzsteigernde Speise geschätzt wird. Der tiefere Grund für die Symbolbedeutung im Traum dürfte aber der sein, daß die Auster bereits in vorgeschichtlichen Zeiten gefunden wurde und in allen Meeren unserer Welt vorkommt. Sie ist damit ein Symbolmuster für die Theorie, wonach der Ursprung des Lebens aus dem Wasser stammt. (Siehe *Perle*)

Auto

Das Auto ist das Transportmittel des modernen Menschen. Im Gegensatz zur Eisenbahn und Straßenbahn ist es nicht an Schienen, also an einen von der Gesellschaft festgelegten Weg, gebunden. Das Auto ist ein individuelles Transportmittel. Der Autofahrer vermag sich damit gewissermaßen aus eigener Kraft fortzubewegen. Im Traum symbolisiert das Auto die motorische Energie, die Lebenskraft seines Besitzers. Nicht umsonst ist das Auto inzwischen auch ein *Statussymbol* geworden. Die Größe des Wagens wie seine äußere Erscheinung können Hinweise dafür sein, wie der Träumer in den Augen seiner Umwelt gesehen wird. In der Regel ist jedoch entscheidender, wie der Träumer mit dem

Auto im Traum umgeht und was während der Fahrt passiert. Mit der Autofahrt verbildlicht der Traum ein Stück der Lebensreise. Eine sexuelle Symbolbedeutung kann das Auto im Traum haben, wenn es sich um einen rasanten Sportwagen handelt. Die Freiheit der Bewegung sowie der Rausch der Geschwindigkeit erinnern an Sexualität, speziell an freie Liebe. Nicht umsonst nutzen die Reklamefachleute diese Symbolbedeutung für die Werbung. Sie appellieren an das Unbewußte und versuchen, das Auto als Potenzsymbol zu verkaufen. In den Träumen symbolisiert das Auto wie das Autofahren aber weitaus mehr die allgemeine Lebensvitalität als die sexuelle Potenz. (Siehe *Motorrad*, siehe *Schiff*)

B

Bäcker, Backofen

Berufspersonen im Traum und ihr Metier versinnbildlichen in der Regel einen vergleichbaren psychischen Prozeß. Der Bäcker sorgt für das tägliche Brot. Er verwandelt das für den Menschen wenig genießbare Korn in eine nahrhafte Speise. Der eigentliche Wandler im Ofen ist das Feuer. In der Vorstellung der Menschen früherer Zeiten gehörte das Feuer zu den vier magischen Naturkräften. Für die Psyche, die gewissermaßen noch in archaischen Bildern *›denkt‹*, ist so die Verwandlung von Korn in Brot im Backofen noch ein geheimnisvoller Vorgang. Der Bäcker im Traum hat eine positive, schöpferische Bedeutung. So haben der Bäcker wie der Backofen auch mit Zeugung und Geburt zu tun. Doch sind derartige Bilder keinesfalls sexuell zu verstehen. Gewiß, in den letzten Jahren hat in den hochindustrialisierten Ländern eine derartige Abwertung der menschlichen Sexualität stattgefunden, daß den meisten Menschen das Verständnis für das Wunder der Zeugung und Geburt verlorengegangen ist. Das gilt aber nicht für die Symbolsprache der Psyche.

Der Bäcker im Traum ist das Symbol für eine innere Seite des Träumers, die für die seelische Nahrung zuständig ist. Taucht der Backofen in Verbindung mit weiblichen Gestalten auf, dann ist dieses Bild als ein Hinweis auf die nährende Funktion des Mütterlichen zu verstehen.

Bad

In den Träumen hat das Bad die gleiche Bedeutung wie in fast allen Mythen und Märchen. Das Bad hat die Bedeutung eines Wandlungs- und Reinigungssymbols, eine Bedeutung, die ihm seit Urzeiten bei allen Völkern zukommt. Besonders vor entscheidenden Wendungen im Leben des Träumers taucht das Bild des Bades oder eines Baderaumes auf. Meist ist es in seiner Form kreisrund oder quadratisch, was auf die Ganzheit des Lebens, besser gesagt auf die Einheitswirklichkeit der Welt, hindeutet. Das Wasser im Traumbad ist kein gewöhnliches Wasser. Es hat die Symbolbedeutung von seelischer Energie. Allgemein gesehen bedeutet das Wasser als Traumsymbol das Unbewußte.
Entscheidend ist, wo sich das Bad im Traum befindet und was sich im weiteren abspielt. Es können im Traum eine Reihe von Schwierigkeiten auftreten, die das Bad verhindern. Handelt es sich bei dem Traumbad beispielsweise um einen kleinen runden Teich in freier Natur, so ist das ein durchaus positives Bild. Bei dem Bild eines modernen Swimming-pools dagegen sind eine Menge von Komplikationen möglich. Diese deuten dann auf die Schwierigkeiten hin, die die moderne Zivilisation für eine psychische Reinigung und Wandlung mit sich bringt. (Siehe *Taufe*)

Bagger

Ein Bagger ist eine Maschine von zerstörender Kraft. Als Traumbild hat er eine monströse Bedeutung. Symbole wandeln sich in ihrem Erscheinungsbild. So kann der Bagger im Traum eines Menschen unserer Zeit die Bedeutung des *Drachen* haben. (Siehe *Drachen*)

Bahnhof

Der Bahnhof, ob Eisenbahn-, Bus- oder Flugbahnhof, ist der Ort von Beginn oder Ziel einer Reise. Als Traumsymbol signalisiert der Bahnhof stets eine Veränderung der seelischen Lebenssituation des Träumers. Bahnhofträume sind überaus häufig. Sie erscheinen fast immer im Zusammenhang mit situationsbedingten und altersbedingten Veränderungen. Wichtig für die Deutung sind dabei die vielen Einzelheiten, wie sie sich auch im Alltag vor Beginn oder am Ende einer Reise auf einem Bahnhof ergeben. Wir können zu spät ankommen, wir können den falschen Zug wählen.

Es kann auch überraschenderweise der Bahnhof einer fremden Stadt sein, die uns unbekannt ist. In diesem Falle handelt es sich bei dem Bild des Bahnhofs um einen unpersönlichen, quasi schicksalhaften Ort. Die Lebensumstände, die eine Veränderung erzwingen, zeigt der Traum oft in der Gestalt des Bahnhofvorstehers oder des Mannes mit der roten Mütze, der die Abfahrt der Züge bestimmt. (Siehe *Eisenbahn,* siehe *Reisen*)

Ball

Der Ball ist wie die Kugel ein Ganzheitssymbol. Wenn wir an den Begriff des Erdballes oder des Sonnenballes denken, so wird verständlich, daß der Ball im Traum ein Bild konzentrierter psychischer Energie sein kann. Er zeigt Veränderungs- und Wandlungsvorgänge an.

Als ein solches Symbol erscheint der Ball in dem bekannten Märchen vom Froschkönig. (Gebrüder Grimm.) In diesem Märchen ist der Prinzessin ihr goldener Ball in den Brunnen gefallen. Es erscheint der Froschkönig, der ihr verspricht, ihr den Ball wiederzugeben. Aber er stellt eine Bedingung. Die Prinzessin soll ihn von ihrem Teller essen lassen und ihn in ihrem Bett schlafen lassen. Sie erhält ihren Ball zurück. Doch als sie sich weigert, ihr Versprechen einzulösen, besteht ihr Vater, der König, darauf. Mißverständlicherweise wird, wie vielen anderen Märchen auch, diesem Märchen gegenwärtig gern eine sexuelle Bedeutung unterschoben. Damit hat das Muster des Märchens jedoch nichts zu tun. Die Bedeutung ist, daß die Prinzessin dem Frosch – als einem Symbol ihrer eigenen kalten, unpersönlichen Geschlechtsnatur – mit Liebe und Wärme begegnen soll. So gelangt sie zu einer ganzheitlichen Liebe und erlöst in dem häßlichen Frosch den strahlenden jungen Prinzen. (Siehe *Kugel*)

Banane

Die Banane ist ein *Phallus-Symbol.* Sie ist die typische Frucht als Sinnbild für das männliche Geschlechtsorgan. (Siehe *Früchte,* siehe *Phallus*)

Bär

In der Mythologie der Völker des Nordens und Rußlands ist der Bär der König der Tiere. Richtiger wäre es jedoch, ihn als Königin zu bezeichnen. Denn als Tiersymbol kommt dem Bären weibliche Qualität zu. Meist erscheint der Bär im Traum als hilfreiches mütterlich-erdhaftes Tier. Doch ebenso kann der Bär als Signal für eine vernachlässigte mütterliche Seite im Traum einer Frau erscheinen. Im Märchen ist unter der Bärenhaut häufig ein schöner Prinz verborgen. Insofern ist für die Deutung auch der Aspekt einer *Erlösungssymbolik* angebracht. Andererseits verkörpert der Bär eine mächtige Naturgewalt. So gesehen kann er, wenn es der Zusammenhang ergibt, auch eine negative Bedeutung haben. (Siehe *Tiere*)

Bart

Der Bart gilt als Symbol männlicher Kraft und Potenz. Die Ursache dieser Symbolbedeutung ist eine rein natürliche. Der Bart ist auch ein Herrschaftssymbol. Im Altertum war der Bart das Attribut der Könige wie der Propheten. Allgemein gesehen war der Bart das Zeichen des freien und reifen Mannes. Jünglingen und Sklaven war das Tragen von Bärten verboten. Im Traum erscheint der Bart auch im Zusammenhang mit *Aggressionstendenzen.* Das Abschneiden des Bartes bedeutet Entmannung, Beraubung der Kraft, aber auch Unterwerfung. (Siehe *Haar*)

Bauer, Bauernhof

Der Bauer symbolisiert im Traum die Naturseite des Träumers. Spielt sich das Traumgeschehen auf einem Bauernhof ab, so ist mit diesem Bild die Umweltnatur gemeint. Natürlich ist die Bedeutung dieser Symbole unterschiedlich, je nach dem, ob der Träumer selbst auf dem Lande lebt oder ein der Natur entfremdeter Großstädter ist. Im letzteren Fall können die Gestalt des Bauern, wie auch das Geschehen auf dem Bauernhof, als Signale dafür verstanden werden, daß sich der Träumer zu weit von der Natur entfernt hat. Vorgänge wie den *Acker bestellen,* das *Säen* und das *Ernten* können im übertragenen Sinne eine geistige Bedeutung haben.

Baum

Die Symbolbedeutung des Baumes im Traum ist in der Regel die des *Lebensbaumes.* Diese Bedeutung hat der Baum in der Mythologie wie in Religionen fast aller Völker. Da das Leben des Menschen aus der Mutter hervorgeht, kommt dem Baum auch ein weiblicher Aspekt zu. Der Baum kann als Bild des persönlichen Lebens des Träumers erscheinen, kann aber auch auf die Familiensituation über mehrere Geschlechter hinwegdeuten, wie es aus dem Begriff des *Stammbaumes* hervorgeht. (Siehe *Wald*)

Begräbnis

Die statistische Auswertung von weit über tausend Träumen, die der Verfasser vor einiger Zeit aufgrund einer Umfrage erhielt, ergab, daß Träume von Begräbnissen, vom Sterben und von Toten in der Häufigkeit an erster Stelle stehen. Dabei handelt es sich wohlgemerkt um Träume von Personen aus allen Altersgruppen und Berufsschichten der Bevölkerung, nicht um die Träume von Patienten aus der psychotherapeutischen Praxis. Die Traumsymbolik entspricht hier der allgemeinen Lebenserfahrung, daß es oft notwendig ist, unerfüllbare Wünsche, wie auch einen im Leben hinderlichen Konfliktstoff, endgültig zu begraben. Natürlich kann das Bild des Begräbnisses im Traum auch auf schmerzliche Erlebnisse hindeuten. Es kann ebenso das Signal dafür sein, daß die Beziehung zu bestimmten Personen, wie auch Fähigkeiten und Talente, durch die Schuld des Träumers zum Sterben verurteilt sind. Entscheidend ist die weitere Handlung im Traum. Für die Psyche ist der Tod ein Wandlungsvorgang. An die Stelle dessen, was begraben wird oder begraben werden muß, tritt häufig etwas Neues. So kann das Bild des Begräbnisses im Traum durchaus eine positive Bedeutung haben. (Siehe *Leiche,* siehe *Tod*)

Bein

Im Traum symbolisiert das Bein den Standort des Träumers. Das kann die Einstellung zu einem bestimmten Problem sein. Schlicht gesagt, sind die Beine unsere Gehwerkzeuge. Was mit den Beinen im Traum geschieht, kann ebenso auf die Stellung des Träumers gegenüber seiner Umwelt im Leben gedeutet werden. Die Psychoanalyse schrieb dem Bein die Bedeutung eines Sexualsymbols zu. W. *Stekel* begründet es damit, daß das Bein in den Schuh schlüpft, wie das männliche Genitale in die Vagina. Ein *Beinbruch* im Traum wurde als Zeichen für *Ehebruch* angesehen. Eine derartige Deutung ist zu einseitig. (Siehe *Amputation*)

Berg, Hügel

Der Berg in der Traumlandschaft ist ein erhöhter Ort, dem eine besondere Bedeutung zukommt. Tempel, Kirchen und Burgen wurden zu früheren Zeiten stets auf Bergen oder Hügeln angelegt. Der Standort auf dem Berg verschafft eine größere Übersicht als der in der Ebene oder im Tiefland. Mag auch der Weg auf einen Berg für den Träumer beschwerlich sein, die Lebenssituation ergibt oft gleiche Schwierigkeiten. Entscheidend für die Traumdeutung ist, was der Träumer auf dem Berg vorfindet oder was dort geschieht.
Anders dagegen ist die Situation, wenn es sich bei der Besteigung des Berges um eine schroffe Felslandschaft handelt, wie beispielsweise in den Alpen. Derartige Gipfelbesteigungen sind gefährlich. Wenn sie im Traum stattfinden, sind sie unter Umständen als Gefahrensignale zu werten.

Beschneidung

Die Beschneidung, wie sie aus der Bibel von den Juden bekannt ist, gehört zum Kult der Einweihungs- und Mannbarkeitsriten. Erscheint eine solche Szene im Traum, so hat das keinesfalls etwas mit der Schwächung der Potenz etwa im Sinne einer Kastration zu tun. Im Gegenteil! Im Kult der primitiven, eingeborenen Völker symbolisiert die Beschneidung das Opfer der Triebhaftigkeit oder Tierhaftigkeit. Erst durch dieses Opfer wird der Knabe in die Stammesgemeinschaft der Erwachsenen aufgenommen und erhält eine Seele. In der Auffassung von C. G. Jung symbolisiert das Tier die Trieb- und Instinktnatur des Menschen. Wie die Schlagzeilen in der Tagespresse beweisen, ist auch der moderne Mensch nicht frei von triebhaften Affekten. Das Bild der Beschneidung oder ähnliche Rituale im Traum signalisiert die Notwendigkeit, sich der eigenen Triebhaftigkeit bewußt zu werden.

Besen
Im Volksglauben hat der Besen mit der Hexe zu tun. Er ist das Transportmittel, auf dem in mittelalterlichen Bildern die Hexen zu Satansmessen fliegen. In diesem Falle käme dem Besen eine erotische Bedeutung zu. In der Regel jedoch sind die Traumbilder weniger verschlüsselt, als angenommen wird. In erster Linie ist der Besen ein Reinigungswerkzeug. Er deutet darauf hin, daß etwas fortgeräumt oder ausgeleert werden soll.

Bett
Das Bett im Traum kann allgemein die Situation bedeuten, wie sich der Träumer ›*gebettet*‹ hat. In der Regel jedoch kommt dem Bett als Traumbild eine erotische Bedeutung zu. Meist wird der Träumer nach dieser Einleitung mit sexuellen Problemen konfrontiert. Ein Bett, das das ganze Zimmer ausfüllt, bedeutet beispielsweise, daß der Träumer der Sexualität in seinem Leben zu viel Bedeutung beimißt. Das Umgekehrte ist der Fall, wenn das Bett zu klein oder zu schmal ist. Doch ist das Bett auch ein Symbol für die eheliche Gemeinschaft. Im Traum von Eheleuten kann der Zustand des Bettes ganz allgemein ein Bild der Gemeinschaftslage sein.

Blau (siehe *Farben*)

Blaubart
Im Märchen ist der Ritter Blaubart ein Mann, der seiner Frau die Schlüssel zu allen Räumen seines Schlosses überläßt. Er warnt sie jedoch, eine bestimmte Tür zu öffnen. Als sie diese in seiner Abwesenheit trotzdem öffnet, findet sie die Leichen von Blaubarts früheren Ehefrauen. Blaubart ertappt sie, doch sie entgeht dem Tod. Derartige Träume, in zahlreichen modernen Abwandlungen, sind nicht selten.
Was der Traum mit dem Bild der Gestalt eines frauenmordenden Unholds zeigt, ist eine unbewußte Seite der Persönlichkeit der Träumerin. Nach C. G. *Jung* handelt es sich bei diesem Traumbild um eine der vielen Erscheinungsformen des *Archetyps,* für den er den Begriff des *Animus* geprägt hat. Vereinfacht gesagt, bedeutet der Animus soviel wie die männliche Seite oder der Mann in der

Frau. Tritt der Animus im Traum in der Gestalt des Ritter Blaubart auf, so ist das ein ernstes Gefahrensignal. Die Märchenforscherin und Psychotherapeutin Frau M.-L. von Franz führt dazu aus: »Der Animus verkörpert dann jene halbbewußten kalten, ruchlosen Überlegungen, welche sich manche Frauen in stillen Stunden gestatten, besonders dann, wenn von ihnen irgendwelche Gefühlsverpflichtungen vernachlässigt wurden, Gedanken über die Verteilung des Erbes in der Familie, intrigante Pläne, wobei anderen Menschen sogar der Tod ›angewünscht‹ wird. ›Wenn einer von uns stirbt, ziehe ich an die Riviera‹, sagt zum Beispiel die Gattin zu ihrem Mann beim Anblick der schönen Mittelmeerlandschaft. Durch vernichtende heimliche Urteile kann zum Beispiel auch eine Mutter im Verborgenen ihre Kinder in Krankheit und Tod treiben, oder sie kann sie am Heiraten hindern, ohne daß dieses heimliche Böse je an die Oberfläche ihres Bewußtseins käme. Eine naive alte Frau zeigte mir einmal die Totenbettphotographie ihres ertrunkenen Sohnes und sagte: ›Mir ist es lieber so, als daß ich ihn an eine andere Frau verloren hätte!‹« (Siehe Individuationsprozeß in ›Der Mensch und seine Symbole‹, Olten, 1967, S. 191.)

Blumen, Blüten

Blumen im Traum sind Symbole für die Gefühle des Träumers. Unter Liebenden ist auch im Alltagsgebrauch eine Blumensprache üblich. Der Vergleich des menschlichen Lebenslaufs mit dem Kreislauf der Vegetation, dem Wachsen, Knospen, Aufblühen und Verwelken der Blumen ist sprichwörtlich.

Bei der Deutung sind diese Zustände zu beachten. Darüber hinaus die einzelnen Arten der Blumen und ihre Farben. Meist verbinden sich persönliche Erlebnisse des Träumers mit den Blumen. Von einer allgemeinen Blumensymbolik läßt sich nur für bestimmte Pflanzen sprechen, wie zum Beispiel die Rose, die Lilie oder Kakteen. Ein frischer Blumenstrauß, ein Baum voller Blüten, haben in der Regel stets eine positive Bedeutung. (Siehe *Lilie,* siehe *Rose,* siehe *Kakteen*)

Blut

Das Blut ist ein Symbol der Lebenskraft. In der Vorstellung der Antike, und ebenso für die mittelalterliche Alchimie, war das Blut der Sitz der Seele, allerdings der Körperseele im Gegensatz zur Geistseele. Diese Vorstellung galt bekanntlich im Nationalsozialismus als Glaubensdogma bis 1945. Doch die Vorstellung, daß dem Blut eine magische Kraft innewohnt, ist im Volksglauben allgemein erhalten.

So gesehen, symbolisiert das Blut auch die Liebe und ihr Feuer, wie aus dem Begriff ›heißblütig‹ in der Umgangssprache hervorgeht. Wenn wir an den Brauch der *Blutsbrüderschaft* denken, bei dem real ein Austausch von Blut vorgenommen wurde, so wird verständlich, daß es sich dabei nicht um eine sexuelle Vereinigung, sondern um eine seelische Vereinigung handelt. Entsprechend ist die Symbolbedeutung des Blutes im Traum zu deuten. Ein Blutverlust kann einen Liebesverlust signalisieren, aber ebenso auf ein notwendiges seelisches Opfer hinweisen. Eine Blutzufuhr kann als eine seelische Bereicherung angesehen werden.

Bomben, Explosivgeschosse

Derartige Gegenstände im Traum sind als *Gefahrensymbole* zu werten. Sie können in der Einleitung vergangene Erlebnisse aus Kriegszeiten heraufbeschwören. Sie können Schockerlebnisse andeuten. Allgemein kann das Bild einer Bombe im Traum als Signal dafür angesehen werden, daß hier der Traum auf einen bestimmten *neurotischen Komplex* hinweisen will. Was in der Psychotherapie als Komplex bezeichnet wird, sind gewissermaßen starke Ladungen psychischer Energie, die im Unbewußten verkapselt sind. Diese Komplexe in das Bewußtsein zu heben, ist nicht ungefährlich. Es bedarf dazu der Führung durch den geschulten Analytiker. (Siehe *Atombombe*, siehe *Krieg*)

Brand (siehe *Feuer*)

Braun (siehe *Farben*)

Brot

Das Brot ist die urtümlichste Nahrung des Menschen. Doch weil das Brot das wichtigste Nahrungsmittel ist, so ist es in fast allen Religionen zugleich auch das Symbol für eine Gottesnahrung. Im Traum symbolisiert das Brot die Lebensspeise, auch eine seelische Stärkung. Dem Brot kommt in den Träumen stets eine positive Bedeutung zu. (Siehe *Bäcker*)

Brücke

Wann immer im Traum eine Brücke erscheint, so hat diese eine positive Bedeutung für den Träumer. Die Psyche signalisiert mit diesem Bild, daß eine Schwierigkeit überbrückt werden kann. Doch ist nicht jede Brücke im Traum begehbar. Die Brücke selbst ist das Symbol für eine Verbindung. Die Art ihrer Konstruktion, wenn z. B. das Geländer fehlt oder die Brücke noch nicht vollendet ist oder gar plötzlich ein Stück vor dem anderen Ufer abbricht, zeigt dem Träumer mögliche Gefahren an. (Siehe *Abgrund*)

Brunnen

Der Brunnen und die Quelle sind urtümliche Symbole. Sie bergen gewissermaßen das Lebenswasser. Beide haben einen weiblichen Aspekt und können im Zusammenhang mit der Sexualität auftauchen. In den Mythen und Märchen symbolisieren Brunnen und Quelle den Urschoß des Lebendigen. Aus der Vorstellung, daß es das Weibliche ist, das das Leben durch die Geburt eines Kindes immer wieder erneuert, daß sozusagen die Reihe: Großmutter – Mutter – Kind – Enkel eine ewige Quelle des Lebens wie der Unsterblichkeit sind, hat der Brunnen die Symbolbedeutung eines Jungbrunnens erhalten.

Brust

Die Brust ist das Symbol des Weiblichen und Mütterlichen. Eine sexuelle Bedeutung hat die Brust als Traumbild selten. Die Brust ist das Gefäß der allerersten Lebensnahrung des Menschen. In den vorchristlichen Religionen wurde die große *Göttin Natur* stets mit vollen Brüsten gezeigt. In Kreta war die Enthüllung der Brüste eine zum Kult gehörende heilige Handlung. Im Traum kann die Brust als Symbol ein Hinweis für die Zufuhr geistiger Nahrung sein. Diese Bedeutung hatte sie auch in der mittelalterlichen Alchemie. Entscheidend ist die gesamte Traumhandlung. So kann die Brust in den Träumen männlicher Personen auch auf eine allzu starke Mutterbindung hinweisen. S. *Freud* hat in seinen ›Drei Abhandlungen zur Sexualtheorie‹ (1904/05) erstmals auf die Bedeutung der sogenannten *Oralsexualität* hingewiesen. Er zeigte, daß Versagungen der Mutterbrust in der ersten Lebensphase des Kleinkindes die Wurzeln von Neurosen im späteren Leben sind. Wir wissen jedoch heute, daß das Kleinkind keine sexuellen Gefühle der Mutter gegenüber empfindet. Der Vorgang ist ein anderer. Im Hinblick auf die beim Menschen im Gegensatz zum Tier sehr viel länger dauernde Ausreifung bis zur vollen selbständigen Lebensfähigkeit wird der Mensch gewissermaßen zu früh geboren. Im ersten Lebensjahr lebt der Säugling noch in einer *Dualunion* mit der Mutter, so wie zuvor im Uterus. Er empfindet sich und die Mutter unbewußt als eine Einheit. Die Störung dieser lebensnotwendigen Verbindung zwischen Säugling und Mutter ist es, die bei Kindern, die kurz nach der Geburt in Heimen aufwachsen müssen, im späteren Leben psychische Störungserscheinungen aller Art mit sich bringt.

Büffel (siehe *Stier*)

Burg (siehe Schloß)

C

Christophorus

Christophorus ist heute ein Schutzpatron der Autofahrer. Nach der Legende war es ein Riese, der stolz auf seine Kraft nur dem Stärksten dienen wollte. Eines Nachts erschien ein Kind an dem Fluß, an dem Christophorus wohnte, und verlangte, über den Fluß getragen zu werden. Christophorus hob das Kind auf seine Schultern und begann, den Fluß zu durchqueren. Bei jedem Schritt jedoch wurde das Kind schwerer und schwerer. Er bekam das Gefühl, als ob er die ganze Welt auf seinen Schultern trage. Da wußte er, daß er Christus auf seine Schultern geladen hatte.

Was besagt ein derartiges Bild, wenn es so oder ähnlich im Traum erscheint? Der moderne Mensch gleicht dem Christophorus. In der Bewältigung der Natur hat er sich Riesenkräfte zu Nutzen gemacht. Die Seele, den Glauben, die Religiosität ist er geneigt, leichthin als etwas Kindliches abzutun. Trotzdem, die Psyche des Menschen in ihrer Gesamtheit ist bestimmender. Sie ist es, die den Menschen programmiert und steuert, ohne daß sein Bewußtsein infolge der gegenwärtigen allgemeinen materialistischen Weltauffassung sich darüber im klaren ist.
Derartige Traumbilder, die zur zweiten Lebenshälfte gehören, signalisieren die Notwendigkeit, sich mit dem Seelischen zu befassen. Vereinfacht gesagt: über den Sinn des Lebens nachzudenken.

Christus

Die wachsende Glaubenslosigkeit ist ein Zeichen unserer Zeit. Die meisten Menschen gehen nicht mehr zur Kirche. Trotzdem oder vielleicht gerade deshalb sind Träume mit einer religiösen Symbolik weitaus häufiger, als angenommen wird. Zu berücksichtigen bei einer Deutung sind selbstverständlich stets die Konfession und die persönliche Einstellung des Träumers. Wenn das Bild von Christus im Traum auftaucht, so ist es in jedem Falle als ein ernstes Signal zu werten. Ein Signal dafür, daß sich der Mensch ohne Schaden für sein psychisches Gleichgewicht nicht ohne weiteres damit abfinden kann, sein Leben sei nur ein sinnloser Zufall. Träume, in denen die Gestalt von Christus erscheint, treten in der Regel in der zweiten Lebenshälfte auf. Sie weisen den Träumer auf die Notwendigkeit hin, sich mit dem Sinn seines Lebens auseinanderzusetzen. Oft erlebt der Träumer symbolisch im Traum eine Art ›Nachfolge Christi‹. Es ist hier nicht der Ort, näher auf die religiöse Symbolik einzugehen. Es sei nur soviel gesagt, daß die Psyche des Menschen eines Glaubens als Ausgleich für alles Nicht- oder Unerklärbare bedarf, um störungsfrei ihre Funktionen zu erfüllen.

Dach

Überaus häufig spielt sich die Traumhandlung in einem Haus ab. Jeder einzelne Raum hat hier eine bestimmte symbolische Bedeutung. Das Haus ist ja der Bezirk, in dem sich in der Regel der größte Teil des Lebens abspielt. Es ist der persönliche Lebensbereich des Träumers. Wir können auch sagen, das Haus symbolisiert das *Seelenhaus.* Das Dach wäre so der Hirnschale vergleichbar, und der Dachboden in etwa dem Bereich, der sich über der vom Bewußtsein bewohnten Region befindet.
Träume, in denen das Dach oder der Dachboden eine Rolle spielen, sind sorgfältig zu beachten. Sie verweisen oft auf längst vergessene Geschehnisse hin, auf Angelegenheiten, die sozusagen in uns selbst auf den Speicher gebracht worden sind. *Rotlicht* zeigt der Traum an, wenn Feuer im Dachboden ausbricht. Ein derartiges Bild ist das Signal für das Auftreten von geistigen Störungen. (Siehe *Haus*)

Dämmerung

Wenn die Traumhandlung sich in der Dämmerung abspielt, so ist es ein Hinweis auf unbewußte Inhalte. (Siehe *Abend,* siehe *Nacht*)

Daumen

Der Daumen ist es, der der menschlichen Hand — im Gegensatz zur Pfote oder Tatze des Tieres — ihre Beweglichkeit und Geschicklichkeit verleiht. Daher ist die Symbolbedeutung des Daumens nicht die der Triebhaftigkeit, wie es S. *Freud* annahm, sondern stets als symbolischer Ausdruck einer schöpferischen Kraft zu verstehen. In den Märchen sind die Däumlinge und in *Goethes* ›Faust II‹ die Kabieren die ursprünglichsten göttlichen Erd- oder Naturkräfte. Die Kabieren sind daumengroße Erdgeister, den Zwergen vergleichbar. (Siehe *Zwerg*)

Diamant

Der Diamant ist der wertvollste Edelstein. Taucht er im Traum als Kostbarkeit auf, so ist er als ein Symbol von höchster positiver Bedeutung anzusehen. Er ist ein Symbol der seelischen Ganzheit, die das Bewußtsein und das Unbewußte umfaßt. Träume, in denen die Handlung zeigt, wie der Diamant erlangt werden kann, sind äußerst günstig. Der Verlust eines Diamanten oder Brillanten im Traum sollte andererseits den Träumer nachdenklich stimmen.

Diebstahl

Geschieht im Traum ein Diebstahl oder tauchen Einbrecher im Traum auf, so ist das ein Signal für einen Verlust, der dem Träumer durch Nichtbeachtung droht. Es kann sich dabei um persönliche Werte des Träumers handeln wie um den Verlust von Beziehungen zu seiner Umwelt.

Direktor

Ein Direktor, ein Dirigent sowie jede hochgestellte Persönlichkeit, die dem Träumer im Traum Anweisungen gibt, sind als eine überpersönliche Funktion seiner Psyche zu verstehen. Es handelt sich bei dieser Person, modern ausgedrückt, um den *Kybernetiker*, der die psychischen Regelungs- und Steuerungsvorgänge unbewußt dirigiert. Es ist ein unbewußtes »Denken«, das sich in dieser Person im Traum manifestiert.

Dirne

Prostituierte, Call-Girls, Liebesdienerinnen oder wie immer auch Frauen, die die Liebe zu einem Konsumartikel machen, genannt werden, sind im Traum als Seiten der eigenen Persönlichkeit des Träumers zu verstehen.

Die ursprüngliche Tempelprostitution hatte einen kultisch-rituellen Charakter. Das Hetärenwesen, das Angebot von sexueller Befriedigung gegen Geld, kam erst zur Zeit der griechischen Antike auf. Und zwar zu der Zeit des Überganges von der Matriarchats- zur Patriarchatsherrschaft und der Entwicklung vom magischen zum logischen Denken. In der patriarchalischen Gesellschaft mit ihren strengen Moralgesetzen und festen Ordnungsstrukturen erfüllte die Prostituierte eine gewisse soziale Funktion. Sie erleichterte es dem Mann, mit seiner sexuellen Problematik fertigzuwerden. So war es möglich, bei der Wahl des Ehepartners der gegenseitigen Zuneigung, der seelischen Beziehung und notwendigen sozialen Gegebenheiten den Vorrang einzuräumen.

Im Zuge des materialistischen Denkens und des gegenwärtigen Konsumfetischismus hat die Prostitution eine Aufwertung erfahren. Nun trägt die Prostituierte zur Entfremdung zwischen den Geschlechtern und zur Verhinderung echter zwischenmenschlicher Beziehungen zwischen Mann und Frau ihren Teil bei. Mag auch das materielle Leistungsstreben der Prostituierten dem Zeitdenken entsprechen und von der Gesellschaft toleriert werden, so darf nicht vergessen werden, daß es sich bei Dirnen um – psychologisch gesehen – *anomale* Personen handelt. Es sind Frauen, deren weibliche Gefühlsseite unentwickelt und verkrüppelt ist. Diesen Bedeutungswert hat auch die Gestalt der Prostituierten oder Dirne im Traum. Sie symbolisiert eine seelische Verarmung und Gefühlskälte. Das kann sich auf den Ehepartner wie auch allgemein auf die Einstellung zu den Mitmenschen beziehen. Besonders häufig sind Dirnenträume bei muttergebundenen Söhnen, den *ewigen Junggesellen.*

Drache

Der Drache, wie er als Fabelfigur aus den Mythen und Märchen bekannt ist, taucht auch in den Träumen heutiger Menschen auf. Er kann dabei im modernen Gewande von Baggern, Raupenfahrzeugen, Panzern oder sonstigen monströsen Fahrzeugen und Maschinen erscheinen. In den Märchen ist es häufig der Drache, der die Jungfrau bewacht. Der Kampf mit dem Drachen, um die Jungfrau zu erlösen, bedeutet den Kampf gegen die animalische Seite der Sexualität. Mit dem Bild des Drachen kann auch die gefühlskalte, nur auf den eigenen Vorteil bedachte Ich-Bezogenheit gemeint sein.

Hinter dem Bild des Drachen im Traum kann sich so das Symbol der *schrecklichen* Mutter verbergen, die den Sohn nicht aus ihrer Fürsorge an eine andere Frau verlieren will. Allgemein symbolisiert der Drache die bedrohliche und verschlingende Seite des Weiblichen. Doch der Drachenkampf im Traum bedeutet stets einen Kampf des Träumers mit sich selbst oder mit einer ihm unbewußten Seite seiner Psyche.

Drei, Dreieck

Die Drei gilt seit altersher als eine magische Zahl. Noch heute wird häufig ein Wort, um ihm eine besondere Bedeutung zu verleihen, dreimal wiederholt. Dreimal auf Holz klopfen, um ein Unheil abzuwenden, ist immer noch üblich.
Die Dreizahl ist ein Symbol des Geistes und hat einen männlichen Aspekt. Das äußere Bild ist ein Dreieck, das mit der Spitze nach oben weist. Es ist das Symbol der Dreieinigkeit im Christentum. Weist ein Dreieck mit der Spitze nach unten, so symbolisiert es die Weiblichkeit. In vorchristlicher Zeit wurde die Dreieinigkeit ebenfalls weiblich vorgestellt. Die *Große Göttin* erschien meist in dreifacher Gestalt, so beispielsweise in der griechischen Mythologie als Rhea, Demeter und Persephone. Der Gott Dionysos, als der Vater, Gatte und Sohn von jeder dieser Personifikationen der weiblichen Gottheit, stellte als der Vierte die Ganzheit her. In dieser antiken Vorstellung war der Mann lediglich die Zutat zum Weiblichen.
Häufig taucht in der Zahlensymbolik der Träume der Begriff des *Dreieinhalb* oder *Drei bis Vier* auf. Der Träumer hat sich beispielsweise um vier Uhr verabredet, aber zu seiner Verwunderung zeigt die Uhr erst drei Uhr dreißig an u. ä. Diese Unentschiedenheit oder Unsicherheit zwischen der Drei und der Vier deutet auf eine Unsicherheit zwischen dem Männlichen und dem Weiblichen hin. Aber auch auf eine Unsicherheit zwischen einer seelischen und einer materiellen Problematik. Ebenso kann damit angedeutet sein, daß das Bemühen um ein ganzheitliches Verstehen einer Situation noch nicht erreicht ist.

Droge

Die Drogensucht der Jugend ist zu einem gesellschaftlichen Problem ersten Ranges geworden. Inzwischen hat die Droge auch Eingang in die Träume gefunden. Als Traumsymbol kommt der Droge das Signal eines psychischen Ausgleichsstrebens zu. Was die Psyche im Traum mit der Droge oder dem Rauscherlebnis ausgleichen will, ist der Verlust des seelischen Erlebnisses bei der Liebe, den die allgemeine Sexualisierung unserer Zeit mit sich brachte. (Siehe *Alkohol*)

E

Edelstein (siehe *Diamant*)

Ei

Das Ei ist aus naheliegenden Gründen ein Lebenssymbol und ein Fruchtbarkeitssymbol. In den meisten mythologischen Erzählungen beginnt die Entstehung der Welt aus dem Weltei. Das Ei ist auch ein Wiedergeburtssymbol. Diese Bedeutung haben z. B. die Ostereier, die zu Ostern verschenkt werden. Den meisten Menschen ist die Symbolbedeutung dieser Bräuche nicht mehr bewußt. Als Traumsymbol hat das Ei stets eine positive Bedeutung.

Einbrecher

Träume, in denen Einbrüche gesehen oder Einbrecher plötzlich auftauchen, sind häufig. Was der Traum mit diesem Bild zum Ausdruck bringt, ist der Einbruch unbewußter Inhalte in die Vorstellungswelt des Träumers. Meist handelt es sich um etwas, was im bewußten Tagesleben übersehen oder verdrängt worden ist.

Eins (siehe *A, Alpha*)

Eis

Eis in der Traumlandschaft, eine Eisdecke über einem Fluß oder einem See sind *Gefahrensignale*. Sie deuten auf das Einfrieren von Beziehungen, auf seelische Kälte und auf Vereinsamung hin. *Rotlicht* gibt der Traum, wenn er den Träumer auf einer Eisscholle auf einem Fluß oder im Meer reisen läßt. In diesem Fall ist die Beratung mit einem Psychotherapeuten angezeigt.

Elektrizitätswerk

Ein Elektrizitätswerk, eine Transformatorenstation u. ä. sind Energiesymbole. Sie können, wenn es der Traumzusammenhang ergibt, eine positive Bedeutung haben und auf den Zufluß von psychischer Energie hindeuten. In der Regel jedoch überwiegt ihr

Bild als Gefahrensignal. Unkontrollierbare elektrische Leitungen, elektrische Ströme, die sich in einem Raum für den Träumer unangenehm bemerkbar machen beispielsweise, deuten in der Regel auf ernste psychische Störungen hin.

Elf

Wir sind gewohnt, mit dem Zehnersystem zu rechnen. Die Elf ist hier die erste zweistellige Zahl. Sie leitet eine neue Reihe ein. In der Traumsymbolik der heutigen Menschen kommt ihr eine ähnliche Bedeutung zu. Sie signalisiert Neugeschehen oder Fortgang. Eine ähnliche Bedeutung hat die Dreizehn. (Siehe *Zahlen*)

Engel

Der Engel ist das Symbol eines Schutzgeistes. Er erscheint als Bild eines Seelenführers. Modern ausgedrückt, symbolisiert der Engel die psychische Kybernetik, die bewußte und unbewußte psychische Vorgänge regelt und steuert. Er kann auch als ein das Materielle und Psychische vereinendes Symbol angesehen werden.

Enthauptung

Eine Enthauptung im Traum, die der Träumer selbst erfahren soll oder der er bei anderen Personen beiwohnt, muß nicht unbedingt einen so gefährlichen Charakter haben, wie es auf den ersten Blick den Anschein hat. Die Psyche kann beispielsweise mit diesem Bild signalisieren, daß in einem bestimmten Konflikt eine Bewußtseinsverkrampfung stattgefunden hat. Oder sagen wir, daß sich der Träumer allzusehr mit logischen Erklärungen in eine Situation verrannt hat, die keinen Ausweg zeigt. Diesem Bewußtseinskomplex soll gewissermaßen der Kopf abgeschlagen werden. Es sind Träume bekannt, in denen der Träumer daraufhin einen neuen Kopf erhielt. (Siehe *Gericht*, siehe *Wiedergeburt*)

Erdbeere

Die süße Frucht der Erdbeere ist ein positives Sexualsymbol. Im Traum deuten Erdbeeren auf die Ehe und auf die Mutterschaft hin.

Eros
Eros ist in der griechischen Mythologie der Gott der Liebe. Seine Braut ist Psyche, das ist die Seele. Seine Attribute sind *Pfeil* und *Bogen* oder ein Stab mit *aufgespießten Herzen*. Er kann im Traum in der Figur eines schönen jungen Mannes oder eines Kindes erscheinen. Ein solches Bild ist positiv zu werten, denn Eros ist ein Symbol der seelischen Beziehung zwischen Mann und Frau. Mit einem Wort: Eros ist das Symbol der Liebe.

Esel
In der Mythologie der Antike galt der Esel als ein Begleiter des Sonnengottes. Erst später wurde er zu einem Tier des Unterweltlichen wie des Bösen. Im Volksmund wird der Esel in Beziehung zur Sexualität des Mannes gebracht. Der Vergleich ergibt sich aus der Tatsache, daß der Trieb so störrisch wie ein Esel sein kann, weil er nicht der Beeinflussung durch den Willen unterliegt. Auf einem *Esel reiten* bedeutet, Herr seiner Triebhaftigkeit zu sein. Die sprichwörtliche Dummheit hat der Esel in der Symbolsprache des Traumes nicht.

Eva
Eva mit dem Apfel gilt allgemein als ein Sinnbild der Verführung. Diese Bedeutung hat die Gestalt der Eva im Traum jedoch nicht. Hier weist sie eher auf den Aspekt der Gefühlsfähigkeit und Mütterlichkeit der Frau hin.

Exkremente (siehe *Kot*)

F

Fackel
Die Fackel ist ein altes Symbol der Ehe. In ältesten Zeiten wurde das für die Entwicklung der menschlichen Kultur so wichtige und wertvolle Feuer durch Fackeln weitergereicht. Auch der eheliche Herd wurde nach der Hochzeit durch eine Fackel entzündet. Es war die Aufgabe der Frau, das Feuer im Herd zu hüten. Die Fak-

kel ist ein verbindendes Symbol. Noch heute wird bei den Olympischen Spielen das olympische Feuer durch Fackelträger von Land zu Land bis zu dem Ort der Spiele weitergereicht. Insofern ist die Fackel auch ein Symbol psychischer Energie. Sie kann so als ein Sinnbild für die Weitergabe von geistigen Werten und schöpferischen Ideen verstanden werden.

Fahrrad

Im Zeichen des modernen Kraftfahrzeugverkehrs ist das Fahrradfahren aus der Mode gekommen. Doch wenn es im Traum erscheint, so ist es als ein Symbol der individuellen Fortbewegung des Träumers, gewissermaßen allein, aus eigener Kraft, anzusehen. (Siehe *Auto*, siehe *Reise*)

Farben

Wie die moderne Nachrichtentechnik, so bedient sich auch die Psyche für die Nachrichtenübermittlung im Traum der Farbsymbolik. Um einen weitverbreiteten Irrtum aufzuklären: Es wird oft behauptet, daß farbige Träume selten seien und wenn sie vorkommen, dann vornehmlich bei Frauen. Das ist falsch. Wie sollten Traumbilder anders sein als farbig? Schwarz/weiß? Die Farben sind Schwingungen des Lichts. Das menschliche Auge nimmt lediglich einen begrenzten Bereich unterschiedlicher Frequenzen wahr. Die Verarbeitung dieser in ihrer Frequenz unterschiedlichen Lichtimpulse zum Erlebnis der Farbe ist ein seelischer Vorgang. Was wir als Schwarz-Weiß-Empfang auf dem Bildschirm oder der Kinoleinwand bezeichnen, ist lediglich eine technische Unvollständigkeit gegenüber dem Auge. Wenn der Träumer hervorhebt, farbig geträumt zu haben, so besagt das, daß er sich an die Farben erinnert. Für die Deutung gilt dann, daß der Traum mit den Farberlebnissen den Trauminformationen einen zusätzlichen Bedeutungsgehalt verleiht.
Für die Deutung der einzelnen Farben ist folgendes zu beachten: Das *Schwarz* ist *keine* Farbe. Streng genommen ist es *Nicht-Licht*. Für den Europäer gilt schwarz als die Farbe der Trauer. Da es *Nicht-Licht* ist, bedeutet es soviel wie *Nicht-Leben*. Im Traum muß Schwarz für ein Signal der Unbewußtheit angesehen werden. Besser gesagt, der *Nicht-Bewußtheit* im Sinne eines *Stillstandes*. Das *Weiß* enthält alle Spektralfarben in sich, ohne Unter-

scheidung. In unserem Kulturbereich gilt es als die Farbe der Unschuld und der Reinheit. Im fernen Osten ist das Weiß dagegen die Farbe der Trauer und des Todes. Im Traum kann *Weiß* so ebenfalls der Hinweis auf ein *Nicht-Bewußtsein* sein, wie es vor Beginn oder nach Ende des Bewußtseinslebens der Psyche gegeben ist. So gesehen kann Weiß Todesahnungen anzeigen.

Das *Gelb* ähnelt dem *Gold*. Es ist im Traum die Farbe der Aktivität, jedoch einer geistig-intuitiven Aktivität.

Das *Rot* ist die Farbe, die unsere Aufmerksamkeit am meisten erregt. *Rot* ist das Symbol für Lebensdynamik. Es ist die Farbe des Blutes und damit auch die Farbe des Gefühlsbereiches wie der Leidenschaft. Im Traum ist *Rot* demnach auch ein Symbol der Triebhaftigkeit und der Aggressivität. Ein besonders starkes Signal für Aktivität ist *Orange*. Es ist die Mischfarbe zwischen Gelb und Rot.

Das *Blau* ist ein Farbsymbol des Geistes. Es zeigt nüchterne Überlegungen wie leidenschaftsloses Denken an.

Purpur, das ist Rot mit einem gewissen Blaustich, ist die Farbe der Könige wie der Kirchenfürsten. Diese Farbe ist im Traum ein Signal für besondere Bedeutungsinhalte.

Grün ist die Farbe der pflanzlichen Vegetation. Im Frühjahr, wenn Felder und Wiesen im frischen Grün leuchten, beginnt neues Leben. Das *Grün* hat eine überaus positive Bedeutung.

Braun ist die Farbe der Erde, bevor die Saat aufgeht oder im Herbst nach der Ernte. Jahrelange Reihenversuche mit Farbtests ergaben, daß das *Braun* von Neurotikern bevorzugt wird und auf unbewußte Komplexe hindeutet.

Violett ensteht aus der Mischung von Rot und Blau zu gleichen Teilen. Das ist eine Verbindung — symbolisch gesehen — von triebhafter Lebensaktivität und reiner Geistigkeit. In der katholischen Kirche ist das *Violett* die Farbe der Passion Christi und die Farbe der Märtyrer. Es ist die Farbe des Leidens. Im Traum symbolisiert das *Violett* Konfliktsituationen, die sich für den Menschen aus dem Gegensatz zwischen seiner Körperlichkeit und seiner Geistigkeit ergeben.

Feige

Im älteren jüdischen Mythos ist nicht der Apfel, sondern die Feige die *Verbotene Frucht*. Im Dionysos-Mythos war der Phallus, den die Frauen bei den Prozessionen der Dionysosfeste in einem

Korb auf dem Kopf trugen, aus Feigenholz geschnitzt. Doch was sich dahinter verbirgt, hat nichts mit Sexualität zu tun. Dionysos symbolisiert die schöpferische männliche Kraft, die in der Natur das Weibliche erweckt und belebt. Der Gott symbolisiert kurz gesagt die Kraft des Lebendigen. Im gesamten Süden hat der Feigenbaum die Bedeutung des Paradiesbaumes oder des Lebensbaumes. In diesem erweiterten Sinne kommt der Feige als Frucht auch eine Sexualsymbolik mit weiblichen Vorzeichen zu. (Siehe *Apfel,* siehe *Baum*)

Fessel

Die Fessel im Traum ist ein Symbol der Bindung. Das kann sich im positiven Sinne auf die Ehe beziehen. Die negative Bedeutung der Fessel ist die der Gefangenschaft. Zu beachten ist bei der Deutung, woran und weshalb der Träumer gefesselt wird. Eine Fußfessel war früher das Zeichen der Sklaven. Sie deutet auf Unterwerfung hin. Eine Fußfessel im Traum, auch das bekannte modische goldene Kettchen, lassen auf eine masochistische Veranlagung schließen.

Feuer, Flamme

Das Feuer ist ein äußerst vielseitiges Symbol. Mit der Beherrschung des Feuers beginnt die menschliche Kultur. Feuer kann hilfreich und ebenso zerstörerisch sein. Allgemein gesehen ist Feuer im Traum das Symbol für psychische Energie. Für die Menschen der Vorzeit galt das Feuer als ein Geschenk der Götter. In jedem Tempel wurde die heilige Flamme gehütet. Diese sakrale Bedeutung war es, die dem Feuer in den vorchristlichen wie auch in vielen nichtchristlichen Religionen den Charakter eines Reinigungssymbols verlieh. Auch in der christlichen Religion tritt dieser Aspekt noch durch die Vorstellung des Fegefeuers in Erscheinung. Hier können wir den Ursprung für die bei vielen frühen Völkern übliche Feuerbestattung sehen. Dem gleichen Gedanken entsprang die Strafe des Feuertodes, zu dem im Mittelalter die Hexen auf dem Scheiterhaufen verurteilt wurden. Durch das Verbrennen des dem Teufel geweihten Körpers wurde die Seele der Hexe gereinigt und damit erlöst. Die positive lebenserhaltende Bedeutung des Feuers ergibt sich aus der Gleichsetzung des Lebens mit der Lebensflamme.

In der Erscheinung des verzehrenden und zerstörenden Feuers ist die symbolische Bedeutung selbstverständlich eine negative. In diesem Falle signalisiert der Traum eine Gefahr. Diese Gefahr kann sich auf die sexuelle Problematik des Träumers beziehen. Der Volksmund spricht von einer *verzehrenden* Liebe, wenn er *Hörigkeit* meint. Die Liebesflamme dagegen ist ein positives Bild. (Siehe *Fackel*)

Finger

Die Beweglichkeit der Finger ist es, die der menschlichen Hand – im Gegensatz zur tierischen Pfote – ihre Geschicklichkeit und damit Handlungsfreiheit verleiht. Verletzungen oder der Verlust von Finger und Daumen sind Gefahrensignale. (Siehe *Daumen*)

Fisch

Bei fast allen Völkern der Erde ist die mythologische Vorstellung verbreitet, daß das Leben seine Entstehung aus dem Wasser genommen hat. Diese Vorstellung entspricht der modernen Evolutionstheorie. Im alten Ägypten galt der Fisch als Symbol der Seele. In der indischen Religion, im Buddhismus, ist der Fisch ein Sinnbild der geistigen Macht. In der analytischen Psychologie von C. G. *Jung* gilt der Fisch als ein Symbol des *Selbst.* Jung bezeichnet mit diesem Begriff die seelische Gesamtpersönlichkeit, das psychische System eines Menschen in seiner Gesamtheit, die das Bewußtsein und den Bereich des Unbewußten umfaßt.

Die einseitige Deutung des Fisches als eines Sexualsymbols ist irreführend. Das Bild des Fisches im Traum kann eine sexuelle Thematik andeuten, sofern es der gesamte Traumzusammenhang ergibt. Der Fisch lebt im Wasser. Das Wasser ist ein Symbol des Unbewußten schlechthin. Insofern deutet der Fisch auf die vom Unbewußten gesteuerte Triebseite des Menschen hin. Eine weibliche Symbolbedeutung hat der Fisch in der Gestalt der *Nixe,* des weiblichen Wesens mit einem Fischschwanz. Die kalte, gefühlsunbezogene Seite der Sexualität wird durch die Fischnatur der Nixe veranschaulicht.

Fliegen, Flugzeug

Flugträume sind überaus häufig. Zu unterscheiden ist dabei, ob sich der Träumer für eine Reise des Flugzeugs bedient, wie es heute allgemein üblich ist, oder ob er selbst wie ein Vogel fliegt. Das *Flugzeug* ist das schnellste moderne Verkehrsmittel. Trotzdem, das Reisen mit dem Flugzeug ist nicht ungefährlich. Die Erfahrung zeigt, daß die Psyche die Flugreise für bedenklicher hält, als wir es im Alltag gewohnt sind.
Das Flugzeug kann im Traum positiv als Übermittler von Gedanken oder Ideen von weitreichender Bedeutung erscheinen. Ebenso kann es einen Freiheitsdrang meinen. In seltenen Fällen wird durch die Reise im Flugzeug eine rasche Veränderung angedeutet, die sich auf die Überwindung von Schwierigkeiten bezieht. In der Regel ist jedoch das *Fliegen* im Traum ein Gefahrensignal. Besonders, wenn der Träumer selbst, ohne ein Flugzeug, schwebt oder fliegt. Dieses Traumbild zeigt, daß der Träumer sich mit seinen Gedanken und in der Bewußtseinssituation des Alltags von der Realität entfernt hat. Er macht es sich gewissermaßen zu leicht, indem er über die Probleme hinwegfliegt.
S. *Freud* hat in seinem Buch ›Über den Traum‹ (Wien, 1900) auf den Zusammenhang zwischen Flugträumen und erotischen Fantasien hingewiesen. Freud deutete Flugträume als sexuelle Wunschvorstellungen. Der Zusammenhang zwischen dem ohne das Mittel des Flugzeuges nicht möglichen Fliegen und unerfüllbaren Wünschen ist zweifellos richtig. Im Jahre 1900 gab es noch keine Flugzeuge. Das Gefühl des Fliegens und Schwebens gehört zum Rauscherleben. Auch der Liebesrausch vermittelt das Gefühl der Leichtigkeit und des Schwebens. Diese erotische Nebenbedeutung des Fliegens ist uralt. Sie findet sich in fast allen mythologischen Vorstellungen. Gegenwärtig jedoch, wo das Fliegen durch den technischen Fortschritt eine alltägliche Realität geworden ist, symbolisiert nach unserer Erfahrung und Auswertung des Traummaterials das Fliegen häufig eine gefährliche Übersteigerung des Bewußtseins in einen allzu blinden Glauben an die Möglichkeiten der Technik. (Siehe *Adler*)

Fluß

Die Traumlandschaft zeigt oft das Bild von Flüssen und Strömen. Ihre Symbolbedeutung ist naheliegend. Sie sind es, die eine Landschaft beleben. Der Wasserkreislauf ist es, der das Leben erhält.

Die Umgangssprache formuliert das mit dem Wortbild von dem *Strom des Lebens.* Allgemein können der Strom und der Fluß als Träger psychischer Energie angesehen werden. Die Fahrt auf ihnen in einem Boot oder einem Schiff deutet auf das Bild der Lebensreise hin. Andererseits ist das Wasser auch ein Symbol des Unbewußten. Treten reißende Bäche oder ausufernde Flüsse im Traum als Hindernisse für den Träumer auf, so bedeuten sie Hindernisse, die sich durch eine Unbewußtheit ergeben. Zu beachten ist bei diesen Bildern, wie das *Ufer* gestaltet ist. Es kann flach und morastig sein, so daß der Fluß auf seinem Weg viel Wasser verliert. Es kann kultiviert sein und durch Dämme geschützt. Ist der Fluß ein Hindernis, so ist das Bild der *Brücke* ein hilfreiches Symbol. Es deutet auf die Überbrückung und Überwindung von Schwierigkeiten hin. (Siehe *Wasser*)

Frau, Unbekannte

Eine unbekannte Frau im Traum, in welcher Gestalt auch immer, ist ein Symbol der unbewußten weiblichen Seite des Träumers. C. G. Jung hat für diesen unbewußten Bereich der weiblichen Psyche zur Veranschaulichung den Begriff des *Schatten* geprägt. Unbekannte weibliche Personen in den Träumen von Frauen sind also Symbole der Schattenpersönlichkeit der Träumerin. Ihre Handlungen im Traum sollen unbewußte Eigenschaften oder Verhaltensweisen dem Bewußtsein nahebringen.
Treten unbekannte Frauengestalten in den Träumen von Männern auf, so symbolisieren sie die in jedem Mann vorhandene weibliche Komponente. C. G. Jung nennt diese psychische Persönlichkeitsseite des Mannes die *Anima.* Wir können sie als das *innere* Bild des Mannes von der Frau oder als seine unbewußte Vorstellung vom Weiblichen ansehen. Die Figur der *Anima* im Traum verkörpert gewissermaßen die weiblichen Seeleneigenschaften des Mannes, seine Stimmungen, seine Gefühle, seine Ahnungen wie den Charakter seiner Liebesbeziehung zur Frau in der Lebenswirklichkeit. Die Entwicklung dieser Persönlichkeitsseite entscheidet naturgemäß seine Mutter. Welches Musterbild von der Frau der Mann in seiner Psyche trägt, zeigen die Gestalten von unbekannten Frauen in seinen Träumen. Sämtliche Möglichkeiten, von der Heiligen bis zur Dirne, von der Märchenprinzessin bis zum emanzipierten Blaustrumpf, sind so möglich. Ihre Handlungen im Traum sind Hinweise für den Träumer, welche

Vorstellungen er im Leben auf seine Partnerin überträgt. Die meisten Konflikte entstehen erfahrungsgemäß dadurch, daß dieses Bild nicht mit der Frau in der Wirklichkeit übereinstimmt.

Frosch

Männer träumen selten von Fröschen, eher von Kröten. In den Träumen von Frauen oder Mädchen hat der Frosch eine ähnliche Bedeutung wie in dem bekannten Märchen der Gebrüder *Grimm* vom *Froschkönig.* In diesem Märchen verwandelt sich der Frosch in einen strahlenden Prinzen. Aber erst, nachdem die Prinzessin auf Befehl ihres Vaters, des Königs, dem Frosch Nahrung von ihrem Teller gegeben und ihn in ihrem Bett gewärmt hat.

Der Frosch ist ein Tier, das teils im Wasser und teils auf dem Lande lebt. Entwicklungsgeschichtlich ist damit eine Übergangsstufe der Lebewesen angezeigt. Insofern ist der Frosch ein Wandlungssymbol. Seine Wasserseite deutet auf die kalte, noch unpersönliche Urnatur hin. Das Gleichnis im Märchen sagt, daß diese unpersönliche Naturseite, die auch zur Geschlechtlichkeit gehört, nur durch eine seelische Nahrung und die Einbettung in menschliche Gefühle in den Bereich einer tragbaren menschlichen Beziehung gehoben werden kann. Die Beziehung des modernen Menschen zu der *Natürlichkeit* der Natur ist bereits so weit gestört, daß Frauen häufig gegenüber Fröschen, Schlangen und ähnlichem Getier einen unüberwindbaren Widerwillen empfinden. Als Symboltier im Traum hat der Frosch jedoch eine positive Bedeutung, sofern der Wandlungscharakter verstanden wird. Das Gleichnis des Märchens gilt auch heute noch. Die Flucht der Prinzessin vor dem Frosch ist keine Lösung. Der König, im Traum ist es die Verkörperung eines Umfassenderen oder *Überbewußtseins,* zwingt die Prinzessin, den Frosch anzunehmen. Das heißt, sich der kalten und gefühlsunbezogenen Natur der Sexualität als solcher bewußt zu werden. Erst dann kann sie den Wert der seelischen Beziehung zum Gegengeschlecht erkennen. Diese zu kultivieren, ist die Aufgabe der Frau.

Die *Kröte* ist ein Erdtier. In der Vorstellung der primitiven Völker ist sie das Symbol der Erdmutter. Die mexikanischen Azteken stellten die Erde als ein krötenartiges Ungeheuer dar. Es ist das Symbol der fruchtbaren und verschlingenden Mutter-Gottheit, die auch eine Todesmutter ist. Damit ist die Kröte im Traum eines Mannes als Warnungssignal zu sehen.

In den mittelalterlichen Apotheken wurden getrocknete Kröten als Rohsubstanz für Liebestränke verwendet. Die Wirkung beruht auf dem Krötengift *Bufotenin.* Die potenzanregende Wirkung ist nachweisbar.

Fuchs

In den Märchen tritt der Fuchs durch seine Schlauheit hervor. Er verkörpert tierische Intelligenz, und so wurden ihm magische Kräfte zugeschrieben. In China und Japan war die goldhaarige Füchsin ein heiliges Tier. Sie wurde infolge des roten Felles mit dem Feuer in eine Beziehung gesetzt. Im christlichen Mittelalter dagegen galt der Fuchs als Hexentier, wie auch rothaarige Frauen als Hexen angesehen wurden. Diese Doppeldeutigkeit verkörpert der Fuchs auch im Traum. In der Regel deutet er auf die Zweischneidigkeit einer sexuellen Problematik hin.

Fünf

Die Symbolbedeutung der *Fünf,* des *Fünfecks,* des *fünfzackigen Sterns* und des *Pentagramms* sind die des natürlichen Menschen. Sie ergibt sich aus dem Bild eines Menschen mit ausgestreckten Armen und gespreizten Beinen, der zusammen mit dem Kopf ein Fünfeck bildet. Die mittelalterlichen Alchimisten leiteten die Symbolbedeutung der Fünf für den Menschen von den fünf menschlichen Sinnen ab. Das Pentagramm, ein regelmäßiges Fünfeck, läßt sich mit Hilfe des sogenannten *Goldenen Schnittes* konstruieren. Der goldene Schnitt ist das bekannte mathematische Verfahren zur Teilung von Strecken und spielt in der Architektur wie in der Technik eine bedeutende Rolle. Mag sein, daß die magische Bedeutung des Pentagramms daher abgeleitet ist. Ein *umgekehrtes Pentagramm,* also ein regelmäßiges Fünfeck mit der Spitze nach unten, hat in der jüdischen Geheimlehre, der *Kabbala,* die Symbolbedeutung des *gefallenen Engels.* (Siehe *Zahlensymbolik*)

Fuß

S. *Freud* und W. *Stekel* schrieben dem Fuß eine ausgesprochene Sexualbedeutung zu. Die moderne Traumforschung jedoch deutet den Fuß als eine Erscheinung, die den Lebensgang des Träumers symbolisiert. (Siehe *Bein*)

G

Garten

Der Garten gehörte zu früheren Zeiten zu jedem Haus. Er ist ein persönlicher Bereich, den die Eheleute mit eigener Hand kultivierten und bestellten. Aus dem Garten bezog die Hausfrau einen Zusatz für die tägliche Nahrung. So wird seit altersher der Garten in den Träumen als ein Bild für die eheliche Beziehung angesehen. Als allgemeines Symbol hat der Garten im Traum die Bedeutung des Wachstums, der Fruchtbarkeit und der Erneuerung. Seine Bedeutung ist stets eine positive.
Die gleiche positive Bedeutung hat auch der *Gärtner*, der den Garten hegt und pflegt.

Geburt

Der Vorgang der Geburt im Traum ist das Signal für das Entstehen von etwas Neuem. Was so symbolisch angedeutet wird, ist jedoch nur in den seltensten Fällen eine reale Geburt, selbst wenn es sich um den Traum von jungen Frauen handelt. Träumen Männer von einer Geburt, so ist es der Traumhinweis für die Entstehung neuer Ideen, neuer beruflicher Möglichkeiten usw.

Gefängnis

Das Gefängnis als Traumort wie das Gefangensein sind Hinweise der Psyche auf das Gefangensein in Bewußtseinsvorstellungen, die in der Regel mit der Wirklichkeit nicht übereinstimmen. Es kann eine geistige oder seelische Einengung damit angezeigt sein. (Siehe *Fessel*, siehe *Gericht*)

Geier

Ein Geier im Traum ist ein Warnsignal der Psyche. Der Geier gehört in der altägyptischen Religion zur Mutter-Gottheit in ihrer Gestalt als Todesmutter. Die mittelalterliche Alchimie deutete den Geier als Symboltier weniger kraß. Hier gilt er als Symbol der unbefleckten Empfängnis, weil das Geierweibchen der Sage nach vom Ostwind befruchtet wird (vgl. K. *Lipffert*, Symbolfibel, 1956, S. 27). Diese mythologische Symbolbedeutung des Geiers als

einer sich selbst befruchtenden, gewissermaßen *phallischen Mutter* nutzte S. Freud, um dem genialen *Leonardo da Vinci* eine latente Homosexualität zu unterstellen. *Freuds* Schlußfolgerung gründet sich auf das berühmte Gemälde Leonardos von der ›Hl. Anna Selbdritt‹. In diesem Bild fand Freud, sozusagen als Vexierrätsel, einen Geier zwischen der Gestalt der Personen, an dessen Schwanz das Kind saugt.
Diese gesucht sexuelle Deutung gehört zu den wissenschaftlichen Irrtümern Freuds. Die Psyche bedient sich keiner Vexierrätsel, sondern einer verständlichen Bildersprache, wie sie die moderne Symbolforschung aufgedeckt hat. Der Geier als Symboltier im Traum ist insofern ein Gefahrensignal, als er auf einen *Autismus* hinweist. Autismus darf nicht mit Egoismus verwechselt werden. Es handelt sich dabei um eine, vereinfacht gesagt, Selbstversponnenheit, die sich in einer mangelnden sozialen Kontaktfähigkeit äußert. Insofern gehören zum *Autismus* auch übertrieben selbstsüchtige Forderungen. Im Traum eines Mannes ist dieser Hinweis auf die eigene weibliche Funktion, die eigene Gefühlsseite, zu beziehen.

Geige

Im Volksdenken werden die Geige wie auch das Cello in eine Beziehung zur Erotik gesetzt. Beide Instrumente werden mit dem weiblichen Körper verglichen, weil die Einbuchtung in der Mitte des Geigenkörpers einen Vergleich mit der weiblichen Taille zuläßt. Denken wir an das Volkslied »Mein Herz ist eine Fidel, auf der dein Bogen geigt«. Darüber hinaus gehört die Musik zu den menschlichen Fähigkeiten, Gefühle auszudrücken und anzusprechen. Eine entsprechende Bedeutung kommen der Geige und dem Cello als Symbol im Traum zu.

Geld

Die allgemeine und notwendige Bedeutung des Geldes im Alltagsleben muß nicht erklärt werden. Das Geldstück oder der Geldschein repräsentieren einen gewissen Wert für ihren Besitzer. Verständlicherweise spielt auch das Geld in der Traumsprache eine Rolle. Hier symbolisiert es psychische Energie oder besser Energiequantitäten. Positiv ist es zu bewerten, wenn im Traum unerwartet *Geld gefunden* wird. Nur kommt es darauf an, unter welchen Umständen und wo. Denn der Traumhinweis bezieht sich stets darauf, in welchem Zusammenhang oder in welchem Bereich ein durch das Geld angezeigter psychischer Wert zu finden ist. Andererseits zeigen *Verluste* von Geld im Traum, daß bestimmte Möglichkeiten oder Talente vom Träumer in der Lebenswirklichkeit nicht genützt werden. In der Regel erscheint das Geld im Traum in der Form von Münzen. Sind es *Silbermünzen,* so ist darin noch ein Hinweis auf einen weiblichen Aspekt enthalten. Entsprechend haben *Banken* wie *Sparkassen* als Handlungsort im Traum die Symbolbedeutung eines Bereichs von psychischer Energie oder seelischen Werten. Ist erkenntlich, daß es sich um eine Großbank oder um eine *öffentliche Sparkasse* handelt, so will der Traum auf den Energiezuwachs hinweisen, der sich aus der Stellung des Träumers in der Sozialgemeinschaft ergibt. Entscheidend ist stets, was in der Bank geschieht. Das *Sparen* von hohen Geldbeträgen in einer Bank im Traum muß nicht positiv sein. Es kann eher als ein Signal verstanden werden, daß zur Verfügung stehende Energie ungenutzt zurückgehalten wird. Ein *Einbruch* in eine Bank im Traum ist ungünstig. Er signalisiert die Gefahr von Verlusten.

Gewehr

Das Gewehr wie auch die Maschinenpistole oder andere Schußwaffen sind Signale für allzu starke Aggressionstendenzen. Die Psychoanalyse deutete diese Waffen als Sexualsymbole. Das ist bedingt richtig. In den modernen Märchen unserer Zeit, den Westernfilmen, ist der *Gun-man* der typische Held. Er hat stets die letzte Kugel und trifft sein Ziel mit Unfehlbarkeit. Er verkörpert damit die Vorstellung vom *Supermann,* dessen männliche Potenz in jeder Hinsicht ebenfalls unerschöpflich ist. (Siehe *Übermensch*)

Gitarre (Siehe *Geige*)

Gletscher

Gletscher als Standort des Träumers oder als Landschaft im Traum zeigen Gefühlskälte an. Ergibt es der Zusammenhang, so kann eine derartige Eisdecke über dem Boden auch auf die Situation einer geistigen Erstarrung hindeuten, die eine fruchtbare Fortentwicklung nicht mehr zuläßt. (Siehe *Eis*)

Gold

Das Gold ist ein Traumsymbol von höchster positiver Bedeutung. Mit den ersten Goldfunden der Menschen beginnt gewissermaßen die Entwicklung der menschlichen Kultur. In grauer Vorzeit wurde das Gold für eine kosmische Botschaft der Götter gehalten. Sein Vater war die Sonne. Das Gold galt als heilig. Sein Besitz war den gewöhnlichen Sterblichen verboten. Während Jahrtausenden wurde das Gold nur für die Herstellung von Tempelgeräten benutzt oder für Geräte und Schmuck des Königs. Könige waren aber Priesterkönige. Das Gold widersteht allen Natureinflüssen. In die Erde vergraben behält es über Jahrhunderte und Jahrtausende seinen Glanz. So wurde das Gold zu einem Symbol der Unsterblichkeit und des höchsten Wertes.
Seine magische Bedeutung hat das Gold bis zu Beginn unseres Jahrhunderts behalten. Es hat sie im gewissen Sinne auch heute noch. Das Gold, das die mittelalterlichen Alchemisten suchten, war allerdings nicht das bekannte Edelmetall. Was sie suchten, war das *philosophische Gold*. Anders ausgedrückt: sie suchten die *Seele in der Materie*. Ihre Versuche, künstliches Gold herzustellen, war eine vorwissenschaftliche Atomphysik. Sie suchten dem Geheimnis auf die Spur zu kommen, was die Materie und damit die Welt im Innersten zusammenhält.
Goldfunde und *Goldgeschenke* im Traum können als Signale der Psyche angesehen werden, daß neue Erkenntnisse gewonnen werden und eine Bewußtseinserweiterung stattfinden wird. (Siehe *Diamant*)

Gorilla

Der Gorilla ist ein wegen seiner Stärke gefährliches Tier. Er ist weniger intelligent als andere Affenarten und verkörpert brutale Gewalt. In den modernen Schauermärchen und Horrorfilmen erscheint er als die Figur des *King Kong*. Hier ist er ein dem Drachen ähnliches Untier mit männlichem Aspekt, der die Frau durch brutale Gewalt an sich bindet. Das bekannte Märchenmotiv von *La Belle et la Bête* (die Schöne und das Untier) spielt hier ebenfalls herein. (Siehe *Affe* und *Drache*)

Grab (Siehe *Beerdigung*, siehe *Tod*)

Granatapfel

Im Urtext des Alten Testamentes ist der Granatapfel und nicht unser Apfel das Symbol des Sündenfalles. Er ist eine Lebensfrucht und im Traum ein Fruchtbarkeitssymbol. Dadurch hat der Granatapfel eine erotische Nebenbedeutung. (Siehe *Apfel*)

Grenze

Der moderne Tourismus erschließt dem heutigen Menschen die Welt. Die Grenzen zwischen den Ländern bestehen jedoch nach wie vor. Im Traum signalisiert die Grenze, je nach dem Gesamtzusammenhang, entweder die Grenze von Möglichkeiten oder den Wechsel von Situationen. (Siehe *Schranke*)

Grotte

In der Mythologie vieler Völker ist die Grotte, besonders wenn sich in ihr eine Quelle befindet, ein heiliger Ort. Sie war der *Göttin Natur* geweiht und von Nymphen, den weiblichen Naturgeistern, bewohnt. In den Märchen ist die Grotte ein Ort von magischer Bedeutung. Grotten sind in ihrem Inneren dunkel, moosig, feucht und glitschig. Die Analogie zum weiblichen Uterus ist naheliegend. Im Traum ist die Grotte ein Hinweis für die Problematik des Ur-Weiblichen.

Grün (Siehe *Farben*)

Gürtel

Der Gürtel des Mannes gilt seit Urzeiten als ein Symbol der männlichen Kraft. Man vermutete den Sitz der Lebenskraft in

Lenden und Nieren. Lebenskraft und sexuelle Potenz waren zu früheren Zeiten stets gleichbedeutend. Für die Frau ist der Gürtel ein Symbol der Tugend und Reinheit.
Der *Keuschheitsgürtel*, der im Orient wie im frühen Mittelalter in Europa im Gebrauch war, ist ein Zeichen für den Besitz der Frau durch den Mann. Im Sinne der Psychoanalyse wäre der Keuschheitsgürtel so ein *Kastrations*symbol, weil er der Trägerin den Sexualverkehr unmöglich macht.

H

Haare

Die Symbolbedeutung des Haares ist vieldeutig. In Europa gilt seit Jahrtausenden das lange Haar des Mannes als Zeichen seiner Freiheit. Das lange Haar der Frauen unterstreicht ihre Weiblichkeit. Bei fast allen Völkern wurde dem Haar eine magische Bedeutung beigemessen. Das Haar symbolisiert so allgemeine Vitalität wie sexuelle Potenz. Je stärker die Körperbehaarung einer Person im Traum, um so mehr sollen die Triebhaftigkeit wie die Tiernatur des Menschen unterstrichen werden.
Im Volksglauben wird das *weiße Haar* des alten Mannes wie der alten Frau als Zeichen der Weisheit angesehen. Es ist das Haar des Menschen mit langer Lebenserfahrung. *Schwarzes Haar* wird mit starker Leidenschaft in Verbindung gebracht. Dagegen gilt *blondes Haar* als ein Zeichen der Unbeständigkeit. *Rothaarigkeit* gilt als gefährlich. In den Märchen wie im Volksglauben ist das rote Haar die Haarfarbe der Hexe. (Siehe *Bart*, siehe *Hexe*)

Hand

Die Hand ist das Instrument des Handelns. Diese Symbolbedeutung kommt der Hand auch in der Traumsprache zu. Der Verlust der Hand im Traum signalisiert den Verlust der Handlungsfähigkeit. (Siehe *Arm*, siehe *Daumen*)

Hase

Der Hase ist ein Fruchtbarkeitssymbol. Diese Bedeutung ergibt sich aus der Tatsache, daß sich der Hase außerordentlich rasch vermehrt. Im Mittelalter galt der Hase als ein *Gottessymbol.* Drei Hasen auf einem Bild sind ein Symbol der *Trinität,* die zu allen Zeiten wacht, alles sieht und alles hört. In China ist der Hase das *Tier im Mond,* ähnlich dem Mann im Mond in unseren nordeuropäischen Märchen. Der Mond jedoch ist in den vorchristlichen und nichtchristlichen Religionen die oberste Himmelsgottheit, die weiblich vorgestellt wurde. Die gegenwärtige Abwertung des Hasen vom Fruchtbarkeitssymbol zum ausschließlichen Sexualsymbol ist jüngsten Datums und zeitbedingt.

Hauptstadt

So wie das Haus ist auch die Stadt im Traum ein Symbolbild für den seelischen Wohnbereich des Träumers. Mit dem Begriff der Hauptstadt meint der Traum allerdings nicht so sehr Größe, als vor allem die Wichtigkeit. Sie symbolisiert den Zentralbereich der Psyche. (Siehe *Stadt*)

Haus

Es gibt mittelalterliche Bilddarstellungen, in denen der Mensch in Gestalt eines Hauses abgebildet ist. Gemeint ist damit das *Seelengehäuse.* Diese Symbolbedeutung kommt dem Haus auch in den Träumen zu. Entsprechend können die einzelnen Räume gedeutet werden. Der *Keller* ist so der Bereich des Unbewußten. Die *Küche* ist der Raum des Weiblich-Mütterlichen. Wir können auch sagen, die Küche ist der Bezirk, in welchem psychische Nahrung zubereitet wird, modern ausgedrückt, der Ort der seelischen Informationsverarbeitung. Die *Wohn-* und *Arbeitsräume* im Traum haben ebensolche Bedeutung für den Erlebnisbereich der Psyche. Der *Schlafraum* ist der Ort des ehelichen Sexualbereichs. Die *obersten Räume* des Hauses, die die meiste Ruhe bieten und den weitesten Blick gewähren, sind als Bereich der Hirnfunktionen zu verstehen. Der *Dachboden* hat im Traum den Charakter eines Raumes vergessener oder verdrängter Erinnerungen. Das *Dach* selbst symbolisiert im gewissen Sinne die graue Hirnrinde unter der Schädeldecke. (Siehe *Dach*)

Haustier

Vor etwa hundert Jahren noch gehörten die Haustiere wie das *Pferd*, die *Kuh*, das *Schwein*, das *Geflügel*, der *Hund* und die *Katze* zum Alltagsleben des Menschen. Es waren Nutztiere. In den Träumen gehören sie nach wie vor zu den hilfreichen Tieren, das heißt sie symbolisieren hilfreiche psychische Funktionen. Der Mensch in der modernen Industriegesellschaft hat die persönliche Beziehung zum Haustier verloren. Die Haustiere, die gegenwärtig von ihren Besitzern in den Großstädten gehalten werden, sind ein Ersatz für mangelnde Zärtlichkeit und bedeuten eine Abwehr des modernen Menschen gegen die Gefühlsarmut und die Gefahr der Vereinsamung in der Massengesellschaft. Das ist bei der Traumdeutung zu beachten. Die Besitzer identifizieren sich häufig mit ihren tierischen Lieblingen, das heißt sie projizieren ihre verdrängten sexuellen Empfindungen. Die Aufmerksamkeiten und Zärtlichkeiten, die sie ihren Haustieren erweisen, haben unbewußt einen verdeckten erotischen Charakter.

Herd

Der häusliche Herd ist ein Symbol der Ehe und weist stets auf die Funktion des Weiblich-Mütterlichen hin. Der Herd ist der Zentralbereich des Familiengeschehens. Die Bedeutung ist jedoch noch weitergehend. Auf dem Herd verwandelt gewissermaßen die Kraft des Feuers die Nahrungsmittel in die für die Familie lebenswichtige Speise. So hat der Herd auch die Bedeutung eines Wandlungs- und Lebenssymbols. Es ist ein ernstes Signal, wenn im Traum die Flamme im Herd erlischt. Derartige Traumbilder kommen in den Vorahnungen des Todes eines Familienangehörigen vor.

Herz

Das Herz ist der Lebensmotor des Menschen. Zu früheren Zeiten galt das Herz als Sitz der Seele. So wurde es auch zum Symbol der Liebe, das heißt der Gefühlsfähigkeit. Wo die Psyche oder das Psychische tatsächlich ihren Sitz im Menschen haben, ist nach wie vor unbekannt. Nach heutiger wissenschaftlicher Auffassung wird das, was wir mangels besserer Kenntnis nach wie vor als die menschliche Seele bezeichnen müssen, räumlich im Bereich des Gehirns vorgestellt. Interessant in diesem Zusammenhang ist jedoch die

Nachbeobachtung von Patienten, an denen Herzverpflanzungen vorgenommen wurden. Amerikanische Psychiater aus Houston in Texas, dem Zentrum der amerikanischen Herztransplantationen, stellten fest, daß die Herzübertragung eine Spaltung der Persönlichkeit bei einigen Patienten nach sich gezogen hat. Die Ursache dieser Schizophrenieerscheinung ist noch nicht abgeklärt. Es scheint jedoch so zu sein, daß die Psyche das neue Herz nicht unbedingt annehmen will. Das zeigt, daß die Ärzte und Alchimisten früherer Zeiten mit ihrer Theorie, daß die seelische Gefühlsfähigkeit und auch die Affektivität in einem Zusammenhang mit dem Nervengeflecht in der Herzregion steht, vielleicht doch nicht unrecht hatten.

Für die mittelalterliche Alchimie war das Herz das Abbild der Sonne im Menschen. Daher auch der Name *Sonnengeflecht* (Plexus Solaris). Das ist ein Teilbereich des sogenannten *Vegetativen Nervensystems,* dessen Fehlfunktion bei psychogenen (seelisch verursachten) Krankheiten unbestritten ist. Ebenso ist es eine bekannte psychotherapeutische Erfahrung, daß bei Liebeskonflikten häufig Herzneurosen auftreten.

Hexe

Der Begriff der Hexe entstammt dem Mittelalter. Was damit gemeint ist, sind die Frauen mit magischen Kräften, die Medizinfrauen und Schamaninnen der primitiven Völker, die Dienerinnen der großen göttlichen Mutter Natur. Diese ursprünglich positive Symbolbedeutung ist jedoch verlorengegangen.

Im Traum erscheint die Hexe als ein negatives Muttersymbol. Sie verkörpert das Zauberische, Bedrohliche und Zerstörerische des Weiblichen. In den nichtchristlichen Ländern gelten Hexen als weibliche Todesdämonen. In sexueller Hinsicht symbolisieren sie die verzehrende, zerstörende Leidenschaft. Sie sind es, die den Mann verzaubern und in eine sexuelle Hörigkeit stürzen lassen. (Siehe *Fuchs,* siehe *Haare*)

Hinken

Das Hinken im Traum signalisiert eine psychische Behinderung. In dem Märchen erscheint häufig der Teufel als *Hinkefuß.* Er wird mit einem Klumpfuß dargestellt. Allerdings ist Mephisto eine Persönlichkeit von überragender Intelligenz. Daß Personen mit Körperbehinderungen ihre Mängel häufig durch besondere geistige Leistungen ausgleichen, ist bekannt. Der Individualpsychologe Alfred Adler erklärt diese Tatsache aus einem natürlichen Ausgleichsstreben der Psyche. Andererseits ist Mephisto zwar von überragender Intelligenz, jedoch »der Geist, der stets verneint«. Wir sehen, wie doppeldeutig die Symbolbedeutung sein kann, wenn ein einzelnes Bild aus dem Zusammenhang herausgelöst betrachtet wird.

Hinrichtung

Die Hinrichtung im Traum deutet nicht auf eine persönliche Lebensgefahr. Der Traum will damit signalisieren, daß eine bestimmte Lebenseinstellung oder die Gestaltung von Beziehungen falsch ist und der Träumer sich entsprechend neu ausrichten soll. Das Traumbild der Hinrichtung erscheint besonders häufig vor dem Übergang zu einem neuen Lebensabschnitt. Das kann der Übergang von der Pubertät zum Beginn des Erwachsenseins sein, ebenso der Übergang von der ersten in die zweite Lebenshälfte und nochmals vor Eintritt in das eigentliche Alter. (Siehe *Enthauptung*)

Hirsch

Bei den Kulturvölkern des Nordens ist der Hirsch ein Himmelstier. Sein Geweih gilt als ein Symbol der Himmelsleiter. In der Symbolik der christlichen Religion ist der Hirsch ein Symbolbild für Christus. Er findet sich häufig auf Bildern neben Eva im Paradies. Hier deutet er bereits auf die spätere Erlösung hin. In der mittelalterlichen Alchimie ist der Hirsch der Partner des Einhorn. Beide zusammen symbolisieren sie Seele und Geist. Im Volksglauben hat der Hirsch wegen seiner Brunftkämpfe um das Weibchen die Bedeutung sexueller Potenz.

Hitler

Persönlichkeiten wie *Hitler, Stalin, Napoleon* u. a. diktatorisch regierende Persönlichkeiten der Geschichte sind im Traum Schattenpersönlichkeiten. Der Traum wirft damit keine politische, sondern eine persönliche Problematik des Träumers auf. Er will ihm zeigen, daß seine unbewußte *Schatten*seite von einem ähnlichen

Macht- und Geltungsstreben besessen ist. Ebenso können derartige Persönlichkeiten als Symbole dafür auftreten, daß der Träumer ein Sklave der sogenannten *öffentlichen* Meinung ist. Entscheidend ist das Agieren der Persönlichkeiten im Traum. Es sind Bildausdrücke der *Kollektiv-Moral,* wofür S. *Freud* den Begriff des *Über-Ich* geprägt hat. Der Traum will damit sagen, daß der Träumer sich zu stark von kollektiven Einflüssen beherrschen läßt.

Hochzeit
Eine Hochzeit im Traum ist eine bedeutungsvolle Symbolhandlung. Besonders, wenn der Träumer selbst daran beteiligt ist. Sie ist, was keiner besonderen Erläuterung bedarf, ein Bild der *Vereinigung.* In der Regel enthalten derartige Träume Hinweise für das zu unserer Zeit nicht unproblematische Leben zu Zweit. Sie ergeben sich aus der weiteren Traumhandlung. Ein Opferritual wird oft zusätzlich erlebt. Es ist der Hinweis, daß jede Bindung das Opfer einer Selbständigkeit erfordert. Die Art des Opfers im Traum deutet hier jedoch selten auf die Realität, sondern weit eher auf die Befürchtungen des Träumers.

Höhle (Siehe *Grotte*)

Hotel
Mit dem Bild des Hotels deutet der Traum auf Bereiche oder Situationen hin, die Übergänge und Veränderungen mit sich bringen. Das Hotel ist kein Ort, in dem man ständig wohnt. Man begegnet dort fremden Personen. In die Traumsprache übersetzt würde das sagen, daß die Personen, die im Hotel dem Träumer begegnen, unbewußte oder unbekannte psychische Einflüsse verkörpern. Die weitere Entwicklung im Traum, die die Begegnung mit Personen im Hotel mit sich bringt, ist zu beachten.

Hund
Der Hund gehört zu den ältesten Haustieren des Menschen. Zwischen Herr und Hund besteht seit jeher eine starke seelische Beziehung. Für die Deutung des Hundes im Traum sind die per-

sönlichen Lebenserfahrungen des Träumers zu berücksichtigen. Der Hund ist ein hilfreiches Tier. Er bewacht unseren Besitz. Doch ebenso fällt er Fremde an. Im Traum kann der Hund als Symbol für Aggressionen auftauchen. In der antiken Mythologie gehört der Hund zur Todesgöttin. Als *Zerberus* bewacht er den Eingang zum Totenreich. Taucht der Hund im Traum auf, so ist stets der Gesamtzusammenhang zu beachten. (Siehe *Haustiere*)

Hut (Siehe *Kopfbedeckung*)

I

Indien

In jüngster Zeit erfreuen sich indische Meditationstechniken, das Yoga u. a., einer gewissen Beliebtheit. Die Situation, daß sich der Träumer in fernen Ländern befindet, erfordert für die Deutung seine persönlichen Einfälle dazu. Indien als Ort im Traum deutet auf die Annäherung des Träumers an seinen *innersten* seelischen Bereich hin. So gesehen hat *Amerika* im Traum häufig die Bedeutung einer Überbetonung des *Bewußtseinslebens.* Amerika symbolisiert gewissermaßen, daß der Träumer vorwiegend der Außen- und Umwelt zugewandt lebt, Indien ein der *Innerlichkeit* zugewandtes Leben.

Insekten

Insekten besitzen kein Gehirn, sondern lediglich ein Netz von Nervenknoten. Es sind kleine Roboter, die von einer Kollektiv-Psyche gesteuert werden. Tauchen Insekten im Traum auf, so signalisieren sie in der Regel Vorgänge, die mit dem autonomen Nervensystem zu tun haben. *Bienen* können, weil sie Honig sammeln, eine positive Bedeutung haben. Die Biene galt im Altertum als Symbol der Liebesgöttin. Allerdings weniger wegen des Honigs, sondern weil der Bienenstaat mit seiner Königin matriarchalisch organisiert ist und diese Herrschaftsform auch die ursprüngliche in grauer Vorzeit war. *Goldkäfer, Rosenkäfer,* auch unser Mistkäfer, sind Abarten des *Skarabäus,* der in der altägyptischen Religion ein Symbol des Sonnengottes darstellt. Wegen der Kugel, die der Skarabäus aus dem Mist formt, und der Verbindung der Goldfarbe mit dem Grün seiner Flügel galt er auch als ein Symbol der Ganzheit und der Unsterblichkeit. Trotzdem ist, wenn im Traum Käfer erscheinen, Vorsicht angeraten. *Ameisen, Spinnen* und *Küchenschaben*, besonders wenn sie in großen Massen im Traum auftauchen oder gar aus einem Schrank oder dem Herd in der Küche hervorströmen, sind *Gefahrensignale* höchster Stufe. Die Aussprache mit einem Arzt oder einem Psychotherapeuten ist dringend angezeigt. (Siehe *Ameisen*)

Insel
Die Trauminsel ist ein Bereich von Wunschvorstellungen und Fantasien. Die Insel liegt im Meer, dem Symbol des Unbewußtten schlechthin. So verweist sie als Ort im Traum auch auf isolierte Komplexe.

Inzest
Erotische Szenen mit Familienangehörigen haben im Traum, von seltensten Ausnahmen abgesehen, keine sexuelle Bedeutung. Im Gegenteil, wenn sich der Traum derartiger Bilder bedient, dann signalisiert er, daß die *seelische Beziehung* zwischen Kindern und Eltern oder zwischen Geschwistern versandet oder abgebrochen ist. Meist zeigt die weitere Traumhandlung, daß sich ein Angehöriger in einer Notlage befindet. Das inzestuöse Bild unterstreicht lediglich die Notwendigkeit, sich dem Betreffenden mit voller Aufmerksamkeit zuzuwenden.

J

Jugend
Die eigene Jugendzeit wird oft im Traum wiedererlebt. Es finden Rückerinnerungen an längst vergessene Begebenheiten statt. Der Traum verweist so auf Erlebnisse, die vielleicht unbewußt im Leben des Träumers noch immer eine zu starke Rolle spielen. Die Situation soll neu überdacht werden. So können auch die Wurzeln von Neurosen im Traum sichtbar werden. Denn erfahrungsgemäß wird Fehlverhalten im späteren Leben nur zu häufig während der

Kindheit oder in der Jugendzeit programmiert. Häufig sind *Schulträume*. Sie zeigen dem Träumer, daß auch der Erwachsene immer wieder zu lernen hat.
Besonders häufig sind Jugendträume bei älteren Menschen. Sie sind geeignet, durch eine Rückschau auf das eigene Verhalten die Probleme der jungen Generation in der Lebenswirklichkeit besser zu verstehen.
Erlebt sich der Träumer dagegen als ein *Kind*, so ist das kein besonders günstiges Signal. Es kann bedeuten, sich auf das Lebensende vorzubereiten. Werden nahe Angehörige sehr viel jünger im Traum gesehen, als sie in Wirklichkeit sind, so hat eine Unzahl von Träumen dieser Art zu der Erfahrung geführt, daß dem Leben dieser Personen über kurz oder lang ein Ende gesetzt ist.

Jungfrau
Die Jungfrau ist ein Symbol der Unberührtheit und Reinheit. Als Traumfigur kann ihre Bedeutung mehrdeutig sein. Im Traum eines erwachsenen Mannes z. B. ist eine jungfräuliche *Anima*, das heißt sein Seelenbild von der Frau, oft ein Zeichen von Lebensfremdheit. Was so der Traum zeigt, ist, daß der Träumer in der Realität die Frau nicht in ihrer vollen Weiblichkeit annehmen will. Bei Männern mit einem *Mutterkomplex* taucht häufig die Jungfrau als Traumfigur auf.
Sieht sich eine Frau im Traum als Jungfrau, so ist das ein Hinweis dafür, daß sie in der Lebenswirklichkeit den Mann ablehnt oder fürchtet.
Traumbilder die zum Jungfrausymbol gehören, sind der Viereckgarten, der Rundtempel, der Turm, der Brunnen und auch die Palme wie die Zypresse (als Lebensbäume). Erscheint die Jungfrau im Traum eines jungen Mannes, so gilt sie als Symbol seiner eigenen Seele. (Vgl. E. *Äppli*, ›Der Traum‹, Zürich 1943.)

K

Käfer (siehe *Ameise*, siehe *Insekt*)

Kälte (siehe *Eis*, siehe *Gletscher*)

Kaninchen (siehe *Hase*)

Kanibalismus

Auf die Berichte von Kannibalismus, wie sie in jüngster Zeit im Zusammenhang mit Flugzeugabstürzen in der Wildnis berichtet wurden, trifft der Begriff nicht zu. Der echte Kannibalismus war in Urzeiten eine kultische Handlung. Nach Mircea *Eliade*, einem der bedeutendsten Religions- und Mythenforscher unserer Zeit, sollte durch den kannibalischen Akt die Ernte sichergestellt werden. Nach anderen Autoren ist der Kannibalismus ein ritueller Akt, um sich der Kraft des gefangenen Feindes zu bemächtigen. Doch wie E. *Neumann* in ›Die große Mutter‹ ausführt, durfte nie der eigene Gefangene verzehrt werden.

Bereits in den frühen babylonischen und assyrischen Traumbüchern wird die Symbolbedeutung des Kannibalismus erklärt. Dort bedeutet im Traum *Menschenfleisch essen:* zu großem Reichtum kommen.

S. *Freud* sah im Kannibalismus die Tendenz eines ursprünglichen triebhaften Sadismus. Denn Liebende bekennen häufig, sie hätten sich *zum Fressen* gern. Gewiß, derartige Vorstellungen können bei Neurotikern ausgesprochen sadistische Tendenzen auslösen. Sie müssen es aber nicht. Allgemein gesehen, symbolisiert der Wunsch, den oder die Geliebte im Traum zu *fressen*, den Wunsch nach einem Ineinander-Aufgehen.

Kanone

Die Kanone ist eine Sturmwaffe, um eine feindliche Stellung aufzubrechen oder eine belagerte Festung zu stürmen. Entsprechend ist sie im Traum zu deuten. Damit kann selbstverständlicherweise der Hinweis auf eine entsprechende erotische Situation verbunden sein. (Siehe *Gewehr*)

Karneval

Der Ursprung des Karnevals sind die antiken Dionysosfeste. Bei diesen Kultfeiern kam es zu konkreten sexuellen Orgien. Was hier erlebt wurde, war die Rauschhaftigkeit der Sexualität. Doch die ungehinderte sexuelle Kontamination (sexuelle Vermischung), die beim Kultfest erlaubt war, war im Alltag streng verboten. Zu

erwähnen ist, daß derartige Feste in einer früheren matriarchalischen Gesellschaftsstruktur ihre Erklärung finden. Sie hatten sicher biologische Gründe. Die kultische Orgie hatte aber nichts mit dem gegenwärtig üblichen Partnertausch und Gruppensex zu tun. Es ging um die religiöse Erfahrung der Sexualität als einer göttlichen Kraft.
Die mittelalterlichen Karnevalsfeiern sind eine Fortsetzung der antiken Mysterienkulte. Hier hatte der Karneval jedoch mehr die Bedeutung eines Ventils für die im Alltag allzu strenge Moral und Verteufelung der körperlichen Liebe. Zu unserer Zeit ist der Karneval völlig verweltlicht und seine ursprüngliche Bedeutung ist verlorengegangen. Für die Traumdeutung ist daher in erster Linie die persönliche Einstellung des Träumers zum Karneval maßgeblich.

Katze

Die Katze ist ein überaus sensibles Tier und symbolisiert im Traum die *Gefühlsseite.* Meist hat sie eine erotische Bedeutung. Sie deutet dann in der Regel darauf hin, daß sich die Einstellung zur Sexualität noch auf einer animalischen, spielerischen Stufe befindet.
Die sexuelle Symbolbedeutung der Katze ist darin zu sehen, daß es sich bei der Katze um ein gewissermaßen gebändigtes Miniatur-Raubtier handelt. Daraus ergibt sich der Vergleich zu der gebändigten Triebhaftigkeit beim Träumer. Das ist es, was dem Träumer bewußt werden soll.
Im alten Ägypten war die Katze ein heiliges Tier und genoß göttliche Verehrung. Die Katzen der Pharaonen wurden nach ihrem Tode ebenso einbalsamiert und in den Königs-Grabkammern beigesetzt, wie die Pharaonen selber. Die Katze verkörperte dort *Bastet,* die ägyptische Mondgöttin, die stets mit einem Katzenkopf dargestellt wurde.
Die sprichwörtliche Treulosigkeit der Katze beruht auf einem Irrtum. Diese Auffassung der Katze als eines negativen Symbols rührt von der mittelalterlichen Einordnung der Katze als Hexentier her. Sie beruht sicher auch darauf, daß sich die Katze als kleines Raubtier, und damit als ein Einzelgänger, dem Menschen nicht sklavisch unterwirft wie der Hund. Die Katze sucht von sich aus die Freundschaft des Menschen. Der Hund ist ein Rudeltier, der in seinem Besitzer das Leittier sieht. So gesehen deutet die Katze im

Traum auf eine gewisse Egozentrik des Träumers und auf Kontaktschwierigkeiten gegenüber dem Gegengeschlecht hin.
Im Traum von neurotischen Frauen kann ein Kater beispielsweise das Signal für einen Vaterkomplex sein (vgl. P. H. *Esser*, ›Die Welt der Träume‹, Konstanz 1966). (Siehe *Hexe*)

Keller
Das Haus im Traum ist das Sinnbild des Seelengehäuses. Der Keller symbolisiert hier das *Persönlich*-Unbewußte. Der Keller ist ein Ort des Zwielichtigen, Verborgenen. Kinder haben bekanntlich Angst, allein in den Keller zu gehen. Erscheint der Keller als Ort im Traum, so ist der Hinweis auf neurotische Komplexe, die ihre Wurzeln in der frühen Kindheit haben, naheliegend.

Kerze
Die Kerze ist ein Lebenssymbol. In den Kirchen südlicher Länder wird noch heute zu Mitternacht am ersten Osterfeiertag die Osterkerze angezündet. Oft ist sie meterhoch und von äußerst massivem Umfang. Sie stellt ein Wiedergeburts- oder ein Wiederauferstehungssymbol dar.
Für die Deutung der Kerze im Traum ist der Gesamtzusammenhang zu beachten. Die Kerze kann auch auf das sich selbst verzehrende Leben und damit auf die Sterblichkeit des Menschen symbolisch hindeuten. (Siehe *Feuer*, siehe *Licht*)

Kette
Was die Kette im Traum signalisiert, ist eine *Bindung* wie eine Gebundenheit. Entscheidend ist, ob es sich um einen Schmuck oder um eine Fessel handelt. (Siehe *Fessel*)

Keuschheitsgürtel (siehe *Gürtel*)

Kind
Die Symbolbedeutung des Kindes im Traum ist überaus vielfältig. Allgemein gesehen symbolisiert das Kind eine neue Möglichkeit. Meist wird dem Träumer die Möglichkeit einer neuen Lebensein-

stellung signalisiert. Denken wir daran, daß in allen Religionen der Menschheit das *göttliche Kind* eine überragende Rolle spielt. Das Kind im Traum ist so auch ein *Erlösungssymbol.* Das Befinden des Kindes im Traum und der Fortgang der Traumhandlung sind besonders zu beachten. Ein Warnsignal ist es, wenn das Kind im Traum krank ist oder gar zu sterben droht. Es zeigt dem Träumer, daß *Seelisches* in ihm selbst droht, abzusterben. Derartige Träume sind jedoch selten. Die Erfahrung hat gezeigt, daß das Kind meist als ein positives Symbol auftaucht. Der Begründer der *analytischen Psychologie* C. G. *Jung* führt dazu aus: »Indem das Symbol des ›Kindes‹ das Bewußtsein fasziniert und ergreift, tritt die erlösende Wirkung ins Bewußtsein über und vollführt jene Abtrennung von der Konfliktsituation, deren das Bewußtsein nicht fähig war. Das Symbol ist die Antizipation einer erst werdenden Bewußtseinslage.« (Siehe *Jugend*)

Kirche

Befindet sich der Träumer in einer Kirche, so deutet das auf die Notwendigkeit hin, über den Sinn seines Lebens nachzudenken. Natürlich ist bei der Deutung die persönliche und konfessionelle Einstellung des Träumers zur Religion zu berücksichtigen. Erfahrungsgemäß tauchen Kirchenträume besonders dann auf, wenn der Träumer im realen Leben sich allzusehr derartigen Überlegungen verschließt.

Kirsche

In manchen Ländern gilt die Kirsche als die Paradiesesfrucht. In der französischen Picardie wird beispielsweise der Kirschbaum als der Baum der Erkenntnis angesehen. *Tizian* malte ein Bild ›Die Madonna mit den Kirschen‹. Die Bedeutung dieses Bildes ist, daß Maria als eine zweite Eva die Sündhaftigkeit der Stammutter auf sich genommen hat. Der Erlösungsgedanke bezieht sich hier auf die göttliche Mutter *und* den Sohn, auf Maria *und* Christus. Für den Volksmund ist die Kirsche ein Sinnbild für den vollen weiblichen Mund und für das Küssen. So gesehen weist die Kirsche als Traumsymbol auf den Gefühlsbereich und die Liebe. (Siehe *Apfel,* siehe *Feige,* siehe *Granatapfel*)

Kleider
Die Kleidung im Traum zeigt die Persönlichkeit des Träumers, wie er glaubt, daß ihn seine Mitmenschen sehen. Aber ebenso, wie ihn die Umwelt im Gegensatz dazu wirklich sieht. Kleider sind Symbole der *Persona*. Dieser Begriff stammt von C. G. *Jung*. Die Persönlichkeit eines Menschen, die dieser – zumeist unbewußt geprägt – gegenüber der Umwelt hervorkehrt, versteht Jung darunter.
Die Art der Kleider, ihr Zustand und ihre Farben ergeben eine Vielfalt von Bedeutungen, die unschwer aus vergleichbaren Situationen zu entnehmen sind. (Siehe *Nacktheit*)

Knäuel (siehe *Labyrinth*)

Knoten, gordischer
Eine vielfach verschlungene Schnur, Seil oder Draht, die sich der Träumer im Traum vergeblich bemüht aufzulösen, deutet auf eine scheinbar unlösbare Verwicklung. *Alexander dem Großen* wurde der Sage nach in einem Tempel des Zeus der sogenannte *gordische Knoten* gezeigt. Wer ihn auflöste, sollte die Herrschaft über Asien erhalten. Alexander löste diese Aufgabe, indem er den Knoten einfach mit seinem Schwert durchhieb. Er gewann daraufhin die Schlacht von Issus.
Bei einem neurotischen Konflikt, der unauflöslich erscheint, kann eine vergleichbare Einstellung ebenfalls zur Auflösung des Konflikts führen.

Koffer
Koffer im Traum deuten auf Belastungen hin, die der Träumer zu tragen hat oder annehmen soll.

König
Die Figur des Königs im Traum verweist auf eine oberste psychische Instanz. Entscheidend ist die Gesamthandlung des Traums. Es kann sich hinter dem König das Symbol des innersten Kerns der Gesamtpersönlichkeit des Träumers verbergen. Der König kann ebenso als ein überpersönliches Vatersymbol erscheinen, als

Vaterarchetyp. Es ist gewissermaßen eine innerseelische *Große Vaterfigur* damit gemeint.

Kopfbedeckung

Nach C. G. *Jung* ist die Kopfbedeckung im Traum ein Symbol der *Persona*. Damit ist die Persönlichkeitsseite gemeint, die eine Person gegenüber der Umwelt hervorkehrt. Wir sprechen im Alltag von der Arztpersönlichkeit, der Richterpersönlichkeit, der Beamtenperson usw. Entsprechend vielfältig können die Kopfbedekkungen im Traum sein. Es kann sich je nach der Situation um passende oder unpassende Standeszeichen handeln. Entsprechend ist die Deutung. Freud sah im Hut ein männliches Genitalsymbol. Diese Deutung ist selbstverständlich zu einseitig. Es kann so sein, es muß aber nicht. Eine erotische Bedeutung kommt der Kapuze zu. Das ist die Kopfbedeckung der Zwerge und der Kabieren. (Siehe *Daumen*)

Korb

Der Korb ist ein Symbol des Weiblichen. Der Braut wurde zu früherer Zeit ein Brautkorb überreicht. Daher rührt die Bedeutung *»Jemandem einen Korb geben«*, wenn eine unerwünschte Werbung abgelehnt wird. Das heißt, die Braut nimmt den Korb nicht an und gibt ihn zurück.

Korn, Kornfeld

Das Korn ist ein Fruchtbarkeitssymbol. Diese Symbolbedeutung ist naheliegend. Das Wachsen und Reifen der Saat ist das sichtbarste Zeichen der Fruchtbarkeit. Ein wogendes Kornfeld im Traum ist ein äußerst positives Signal. Es deutet auf reiche Ernte hin. Eine Ernte jedoch, die dem Menschen nicht mühelos als ein Geschenk der Natur in den Schoß fällt. Die Ernte bedarf zuvor der harten Arbeit des Bauern.

Bei der Deutung von Symbolen ist daher zu beachten, daß jedes Symbol, und sei es noch so positiv, stets einen *ambivalenten* Charakter hat. Das heißt eine gegensätzliche Entwicklung ist stets mit enthalten. Ein besonders deutliches Beispiel hierfür lehrt die jüngste Zeitgeschichte. Einem Amerikaner namens *Cornfeld* gelang es binnen weniger Jahre, hunderttausende von Sparern — vornehmlich in Deutschland – zur Anlage von fast acht Milliarden Mark in seiner IOS zu bewegen, die sie verloren. Der Fond hatte seinen Sitz auf einer kleinen *Insel* auf den Bahamas. Die rechtliche Sicherheit war äußerst fragwürdig. Trotzdem ließen sich selbst nüchtern rechnende und kluge Geschäftsleute nicht warnen. Sie alle glaubten, durch *Mr. Cornfeld* höhere Gewinne zu ernten, als üblich ist. Warum? Die überaus vielfachen und komplexen Umstände, die zur Ausbreitung des IOS-Glaubens führten, sollen hier nicht allein aus der Symbolwirkung erklärt werden. Doch bleibt ein Rest für den kometenhaften Aufstieg der IOS nach wie vor ungeklärt. Ebenso ungeklärt ist, daß der voraussehbare Sturz des Fonds nicht erkannt wurde. Für diesen Bereich des Unerklärbaren reichen alle bewußten Ursache-Wirkungs-Erklärungen nicht aus. Die Faszination, die von dem Symbol des Kornfeldes ausgeht, schließt diese Lücke. Der Vorfall zeigt, wie wichtig die Kenntnis der Symbole ist. Wir dürfen sie nicht nur als interessante Bilder verstehen. Von Symbolen geht eine Wirkung aus. Symbole sind es, die unbewußt weitgehend das menschliche Bewußtsein programmieren. (Siehe *Insel*)

Kosmos (siehe *Rakete*, siehe *UFO*)

Kot (Exkremente)

Der *Kot*, wie auch *Speichel*, *Urin*, *Schweiß* und *Haar*, gehören in den Glaubensvorstellungen der Primitiven zu den magischen Substanzen. Im Volksglauben hat sich die magische Wirkung der Körpersekrete und Exkremente bis auf den heutigen Tag erhalten. Für die Alchimie wie im Volksglauben hat der Kot eine positive Bedeutung. Vergessen wir nicht, die Felder wurden früher mit den Exkrementen der Tiere und auch mit menschlichen Exkrementen gedüngt. Daher setzt der Volksglaube den Kot in eine Beziehung zu Geld und Reichtum. Ein Hinweis auf diesen Zusammenhang ist gegeben, wenn der Traum das Bild von Kot und Exkrementen zeigt.
Die Psychoanalyse sieht in dem Bild der Kotabgabe im Traum ein *Kastrations*symbol. *Freud* war der Auffassung, das Kind erlebt die Kotabgabe als Verlust. Er fand, daß eine übertriebene Reinlichkeitserziehung des Kleinkindes die Wurzel für spätere Neurosen und sexuelle Verirrungen legt. Die psychotherapeutische Er-

fahrung hat diese Auffassung bestätigt. Die Ursache wird jedoch heute nicht in einer *Analerotik* des Kleinkindes gesehen, sondern in dem *Liebesverlust,* der vom Kind durch eine übertrieben strenge Erziehung empfunden wird.

Krankenhaus

Das Krankenhaus erscheint im Traum als Sinnbild seelischer Erkrankung und Hilfsbedürftigkeit. Die speziellen Abteilungen im Krankenhaus oder ein Spezialkrankenhaus weisen auf entsprechende psychische Funktionen hin. Die Herzkrankheit z. B. auf Störungen im Gefühlsbereich, ein Augenleiden auf den Mangel, ein Problem oder die Beziehung zu einem Mitmenschen richtig zu sehen, ein Magenleiden darauf, daß eine Konfliktsituation unverdaulich geworden ist und daher krank macht, usw. Hilfreiche Lösungen bieten dann im Traum meist die Anweisungen der Ärzte und Krankenschwestern an. (Siehe *Arzt*)

Kreis

Der Kreis ist ein *Ganzheitssymbol,* weil er eine vollkommene geometrische Figur darstellt. Mit nur einer Seite ohne Anfang und ohne Ende kommt der Kreis für die Begrenzung einer Fläche aus. Seit Urzeiten wird dem Kreis eine magische Wirkung zugesprochen. Bereits die Steinzeitmenschen legten ihre Heiligtümer in Kreisform an. Daher die Bedeutung des *magischen Kreises* als Abwehr- und als Schutzsymbol. Diese Bedeutung läßt sich in allen Mythen und Märchen der Völker nachweisen.
Im Traum signalisiert der Kreis stets einen Ort von besonderer Bedeutung. Er kann als das Bild eines Brennpunktes psychischer Energien verstanden werden. (Siehe *Ball,* siehe *Kugel,* siehe *Tanz*)

Kreuz

So wie der Kreis das älteste Ganzheitssymbol ist, worunter auch das Weltganze verstanden wird, so ist das Kreuz das ursprünglichste *Ordnungssymbol.* Das Kreuz ist es, das den Erdkreis oder den Himmelskreis in die vier Himmelsrichtungen unterteilt. Als Ordnungssymbol ist es auch im Traum zu deuten. Psychische Ordnung bedarf der Anstrengung und des Opfers. Die Bedeutung des Kreuzes im Traum als Hinweis auf notwendige Opfer und

Leiden, wie sie sich vor allem aus der Symbolbedeutung des Kreuzes im Christentum ergibt, überwiegt in den Träumen von Menschen des christlichen Kulturbereiches.
Das *Hakenkreuz* ist kein Kreuzsymbol in diesem Sinne, sondern versinnbildlicht das Sonnenrad. Es ist das Symbol der Naturordnung, wie sie sich aus dem Lauf der Sonne ergibt. Das Hakenkreuz, oder die *Swastika*, wie es auch genannt wird, ist älter als das Kreuz und tauchte bereits in grauer Vorzeit auf. In seiner gebrochenen Form und seiner rückläufigen Tendenz wurde das Hakenkreuz in unserem Jahrhundert ein Symbol des Bewußtseinsrückschritts. Das ist lediglich als psychologische Tatsache gemeint. Zeitweilige Rückentwicklungen sind geschichtlich stets im Zusammenhang mit kulturellen Umwälzungen zu verzeichnen, die ein neues Zeitalter einleiten.

Krieg

Die Kriegssituation im Traum ist der Hinweis für eine Auseinandersetzung unbewußter Persönlichkeitsseiten des Träumers. Psychische Energie ist in Bewegung geraten. Das kann sich auf Konfliktsituationen aller Arten beziehen. Bilder der realen Kriegssituation, die vornehmlich Männer als Soldaten an der Front erlebten, deuten häufig auf unbewältigte Probleme aus der Vergangenheit hin. Es kann sich um vergleichbare Konfliktsituationen der Gegenwart handeln, doch ebenso um seelische Verwundungen aus früherer Zeit, die nur oberflächlich vernarbt sind.

Krokodil (siehe *Drache*)

Kröte (siehe *Frosch*)

Krug (Gefäß)

Der *Krug,* der *Topf,* kurzum das *Gefäß,* sind Symbole des Weiblichen. Sie können eine erotische Symbolbedeutung haben. In den Märchen erscheint der Krug häufig als Milchtopf oder als Honigtopf. In beiden Fällen hat er eine weibliche Sexualbedeutung. Hinter dem sprichwörtlichen Krug, der zum Brunnen geht, bis er bricht, verbirgt sich eine Anspielung auf die Defloration.

Mit dem Krug als einem Symbol des Weiblichen ist auch das Gefäß gemeint, das das Lebenswasser enthält. Ist der Krug als ein persönliches Symbol anzusehen, so ist sein *kollektives* Gegenstück der Brunnen. In der altgriechischen Religion ist der Brunnen der Eingang zur Unterwelt. Hades, der Gott der Unterwelt, raubt Persephone, indem er sie in den Brunnen hineinzieht. Symbolisch gemeint ist einmal das Schicksal der Frau, die, wenn sie geschlechtsreif ist, dem Mann folgen muß und so der Mutter geraubt wird. Zum anderen verbirgt sich dahinter die archaische Vorstellung, daß das Weibliche wie die Natur im Winter zeitweilig ihre Funktion einstellt. Diese Zeit ist aber die Zeit des Reifens zu einer neuen Geburt. Mit dem Krug, oder vereinfacht mit dem Gefäß, werden im Traum so häufig Wandlungsvorgänge angedeutet. (Siehe *Brunnen*, siehe *Quelle*)

Küche

Die Küche im Traumhaus der Seele symbolisiert einen Bereich des Unbewußten, in dem gewissermaßen die psychische Nahrung aufbereitet wird. Anders ausgedrückt, es ist der Bereich der Umwandlung psychischer Energien. Dir Traumküche läßt sich bildlich mit einem modernen chemischen Labor vergleichen.
Im Leben ist die Küche der Herrschaftsbereich der Mutter und Ehefrau. Als Ort im Traum von jungen Eheleuten erscheint häufig die Küche als Ort, in dem die eheliche Problematik in allgemeiner sowie in erotischer Hinsicht aufgerollt wird. (Siehe *Haus*)

Kugel

Die Kugel ist ein *Ganzheitssymbol*. Sie ist in der Realität der ideale geometrische Körper mit nur einer Seite und gleicher Entfernung von allen Punkten der Oberfläche zum Zentrum hin. Die Kugel ist ein Bild der Vollkommenheit. Wir sprechen von der Erdkugel, der Sonnenkugel, und bereits die griechischen Naturphilosophen, wie *Demokrit*, stellten sich das Atom in Kugelform vor. Wir wissen heute, daß es diese Vollkommenheit in der Wirklichkeit nicht gibt und daß sowohl die Erde wie die Sonne keine reine Kugelgestalt haben. Im Traum symbolisiert die Kugel eine psychische Dynamik auf ein Zentrum hin, eine Vereinigung von Gegensätzen und eine Vervollständigung in Richtung Ganzheit. (Siehe *Ball*)

Kuh
Die Kuh ist ein zentrales Symbol des Mütterlichen und Nährenden. Der sprichwörtliche Begriff der ›Heiligen Kühe‹ stammt aus der indischen Religion. Dort ist die Kuh das Symbol der Mutter-Gottheit. Das war die Kuh auch in den vorchristlichen Religionen. Im Traum erscheint die Kuh als Symbol der umsorgenden, mütterlichen Weiblichkeit. In den Träumen von Männern kann die Kuh eine starke *Mutterbindung* signalisieren. In den Träumen von Frauen weist die Kuh als Symbol häufig darauf hin, daß die Träumerin die mütterliche Seite der Weiblichkeit in sich entwikkeln soll.

Kuß
Mit dem Kuß zeigt der Traum das Bild einer Vereinigung. Selbstverständlich kann der Kuß im Traum eine erotische Bedeutung haben, jedoch ist das weitaus seltener, als allgemein angenommen. Der Mund ist — psychisch gesehen — das Organ der Sprache, und damit einer geistigen Kommunikation. Der Bruderschaftskuß und die noch heute übliche Sitte, z. B. in Frankreich und in Rußland, daß sich Staatsmänner als die Vertreter ihrer Völker gegenseitig umarmen und die Wangen küssen, sind Symbole der Verbundenheit und des friedlichen Zusammenlebens. Im Traum bedeutet der Kuß in der Regel, daß sich der Träumer mit einer Person versöhnen soll oder dieser Person annehmen soll. Selbst Zungenküsse im Traum haben selten ein sexuelles Motiv. Mit diesem Bild ist die Notwendigkeit angedeutet, geistige oder seelische Inhalte, wie sie in der Person eines anderen Menschen im Traum verkörpert werden, anzunehmen.

L

Labyrinth
Endlose, verschlungene Wege, aus denen der Träumer keinen Ausweg findet, sind ein im Traum häufiges Bild. Die Deutung ergibt sich aus dem Symbolbegriff des Labyrinths.
In der griechischen Mythologie war das Labyrinth auf Kreta die Wohnung von *Minotaurus*, dem Sohn des Stiergottes und der Königin *Pasiphae*. Der griechische Held *Theseus* besiegte den

Minotaurus, nachdem er von *Ariadne,* der Tochter des Königs und Schwester des Minotaurus, ein Wollknäuel erhalten hatte. Er befestigte den Faden des Wollknäuels, *Ariadnefaden* genannt, am Eingang und so wurde dem Helden nach der Tötung des Minotaurus die Rückkehr aus dem Labyrinth möglich.
Im Urmythos symbolisiert das Labyrinth den Leib der Erdmutter. Das Eindringen in das Labyrinth kommt einer mystischen Rückkehr in den Mutterschoß gleich. Im Labyrinth fanden häufig Götterhochzeiten statt, die meist — was den Göttern erlaubt ist, ist den Menschen verboten — den Charakter einer inzestuösen Vereinigung hatten. So kann das Labyrinth im Traum auch das Signal für einen *Mutterkomplex* sein. Die Lösung des Konflikts ergibt sich dann aus der Minotaurussage. *Ariadne,* der der Held *Theseus* durch ihren Einfall mit dem Wollknäuel seine Rettung verdankt, symbolisiert hier die geistige Seite des Weiblichen. Das Stierungeheuer *Minotauros* im Labyrinth erscheint als das Symbol der sexuellen Triebhaftigkeit in seiner Unergründlichkeit für das Bewußtsein. Die geistig-seelische Verbindung zur Frau, hier versinnbildlicht durch den *Ariadnefaden,* ermöglicht dem Helden, das gefährliche Abenteuer im Labyrinth zu bestehen und den Stier in sich selbst zu besiegen. Die Konfliktlösung ist hier jedoch vorweggenommen. Was das Labyrinth im Traum signalisiert, ist in der Regel die *Gefahrensituation.* Oft erscheint dieses Signal auch in der Gestalt eines *Spinnennetzes.* (Siehe *Spinne*)

Lähmung

Der Begriff der Lähmung, auch als Bild im Traum, ist eindeutig. Es ist als Signal für eine geistige oder psychische Behinderung zu verstehen. Für die Deutung ist die weitere Traumhandlung entscheidend. (Siehe *Arm,* siehe *Fuß*)

Lampe (Laterne)

In den Mythen und Märchen erscheinen die Lampe wie auch die Laterne als Symbole des *Bewußtseinslichts.* Diese Bedeutung haben die heute noch üblichen Lichterprozessionen, wie sie zum Beispiel in *Lourdes* allabendlich stattfinden, ebenso wie die Fackelumzüge bei Staatsfeiern.
Im Traum bedeuten die Lampe oder die Laterne vereinfacht gesagt, daß dem Träumer ein *Licht aufgehen* wird oder soll.

Lanze

In der griechischen Mythologie ist die Lanze ein Attribut des Sonnengottes *Apollo*. In der mittelalterlichen Gralssage hat die Lanze des *Gralsritters* die Bedeutung eines christlichen Lichts – und damit eines Heilssymbols.
Die Psychoanalyse sieht in der Lanze ein *Phallussymbol*. Die ursprüngliche Lichtsymbolik der Lanze scheint dem modernen Menschen verlorengegangen zu sein. In den Träumen deutet heute das Bild der Lanze meist eine körperliche sexuelle Spannung an. (Vgl. *Äppli*, ›Der Traum‹, S. 318.)

Leder

Leder wird aus Tierhäuten hergestellt. Lederkleidung, lederne Peitschen u. ä. im Traum deuten auf starke Aggressionstendenzen hin. Das Bild jugendlicher, in Lederkleidung gehüllter Rockerbanden gehört zum Alltagsbild der modernen Gesellschaft. Für *Sado-Masochisten* besitzt das Leder eine fetischistische Bedeutung, wobei hier der Fetisch als ein Gegenstand zu verstehen ist, an den die Sexualität neurotisch fixiert wird. So ist bei der Traumdeutung von Leder und Ledergegenständen auf sadistisch-aggressive Tendenzen zu achten.

Lehrer

Häufig sind *Schulträume*, und ebenso häufig taucht dabei die Person eines aus der Jugendzeit bekannten oder auch eines unbekannten Lehrers auf. In der Person des Lehrers verkörpert der Traum eine hilfreiche innerseelische Funktion des Träumers selbst. In der Regel erteilt der Lehrer im Traum dem Träumer Lehren, die dieser als Verhaltensweisen im bewußten Leben vernachlässigt. Oft genug zeigt die Person des Lehrers dem Träumer, auch wenn er im Leben erfolgreich ist, daß die Schule des Lebens während der gesamten Lebenszeit weiterbesteht. Die Hinweise des Lehrers als Traumperson sind zu beachten und sollten ernst genommen werden. (Siehe *Direktor*)

Leiche

Das Bild vom *Begräbnis* und *Toten* im Traum ist, wie bereits ausgeführt wurde, weniger gefahrvoll, als es den Anschein hat.

Eine *Leiche* im Traum dagegen ist ein *Gefahrensignal* erster Ordnung. Der *Tod* im Traum ist ein Wandlungssymbol, dem in der Regel eine Wiedergeburt folgt. Die *Leiche* dagegen ist das Symbol der längst abgestorbenen, unbeseelten Seite einer Persönlichkeit mit aller ungünstigen Nebenbedeutung des Leichen*gifts.* Die Leiche ist das Überbleibsel von einem Toten, das zur Verwesung bestimmt ist. Der Traum signalisiert mit dem Bild der Leiche die Gefahr einer *psychischen Vergiftung.* Es handelt sich dabei gewissermaßen um eine für das Bewußtsein gestorbene seelische Beziehung oder einen Komplex, der im Unbewußten weiterhin mitgeschleppt wird. Leichenträume signalisieren dem Träumer, daß er sich von diesen abgestorbenen psychischen Inhalten befreien muß. Das kann vergleichsweise nur durch eine Entdekkung durch das Bewußtsein geschehen, wodurch ihre endgültige Begrabung möglich ist. (Siehe *Begräbnis,* siehe *Tod*)

Leiter

Mit dem Bild der Leiter signalisiert der Traum eine *Übergangssituation.* Ein bekanntes Beispiel ist die Himmelsleiter, die nach der Bibel dem *Jakob* im Traum erscheint. In den Mysterienkulten wie in der mittelalterlichen Alchimie ist die Leiter das Symbol für einen seelischen *Wandlungsprozeß.*

S. *Freud* leitete von dem Bild des Auf- und Absteigens auf einer Leiter für die Psychoanalyse die Zeichenbedeutung der Leiter für den Geschlechtsakt ab. Eine derartig einseitige Deutung ist irreführend. Die Leiter ist weder ein Sexualsymbol, noch versteckt sich dahinter der unerfüllte Wunsch nach Sexualbetätigung, wie Freud glaubte. Es ist vielmehr umgekehrt. Wenn im Traum einer jugendlichen Person im Zusammenhang mit sexuellen Handlungen die Leiter als Symbol erscheint, so ist damit die psychische Wandlungsproblematik durch das Auftreten der sexuellen Reifung angezeigt. (Siehe *Treppe*)

Leuchtturm

Der Leuchtturm symbolisiert das hilfreiche Licht, das dem Lebensschiff auf der Fahrt durch die Unwetter und Stürme des Lebens die Richtung weist. Oft signalisiert der Traum mit dem Leuchtturm eine Bewußtwerdung. (Siehe *Lampe*)

Licht (siehe *Feuer*, siehe *Sonne*)

Lift
Liftfahren im Traum ist ein symbolischer Ausdruck der Bewegung zwischen den einzelnen psychischen Bereichen des Traum- oder Seelenhauses. Derartige Traumbilder sind häufig und ebenso die Verwicklungen, die sich aus dem Steckenbleiben des Lifts zwischen Stockwerken ergeben. Bei der Deutung ist zu beachten, daß das Fahren im Lift keine Bewegung des Träumers durch eigene Kraft darstellt. Mit dem Lift fahren wird die dem Bewußtsein wie die dem Willen des Träumers entzogene Bewegungsautomatik im Unbewußten gezeigt. (Siehe *Leiter*, siehe *Treppe*)

Links
Die Symbolbedeutung von *Links* und *Rechts* ist uralt. *Links* ist die Herzseite, die Seite des Gefühlsbereichs. Mit der *rechten* Hand schreiben wir. Zu früheren Zeiten saß bei der Trauung die Frau links vom Mann. Als Richtungssymbol bedeutet die linke Seite die Richtung auf das Weibliche, das Gefühlsleben und das Unbewußte. Entsprechend symbolisiert *rechts* eine Entwicklung in Richtung männlich, geistig und Bewußtsein.

Lokomotive
Die Lokomotive ist ein Symbol kollektiver Energie. Im Traum symbolisiert die Lokomotive gewissermaßen gesellschaftliche Kräfte, die den Träumer auf seiner Lebensreise tragen. Je nach der Traumhandlung kann die Lokomotive eine positive Bedeutung haben, aber ebenso kann sie als ernstes Gefahrensignal auftreten. (Siehe *Bahnhof*, siehe *Reise*)

Löwe
Der Löwe ist ein vielfältiges Symbol. Er ist der König der Tiere und ein Symbol der physischen Lebenskraft. Im Traum weist der Löwe oft auf verborgene Affekte hin. Er kann ebenso als das Symbolbild starker geistiger Kräfte erscheinen. Denn der Löwe ist in unserem Kulturbereich ein Herrschaftssymbol.

Luzifer

In den religiösen Vorstellungen wie in den Märchen hat der Teufel bekanntlich verschiedene Gestalten. Eine davon ist die des *Luzifer.* Wörtlich übersetzt bedeutet Luzifer soviel wie *Lichtbringer.* Luzifer ist der *gefallene* Engel. Seine Bedeutung im Urmythos der Juden ist die gleiche wie die des Prometheus in der griechischen Mythologie. Ihre Tat besteht darin, daß sie den Menschen das göttliche Feuer der Erkenntnis und das Licht des Bewußtseins bringen. Doch mit der Erkenntnis und dem Bewußtsein, so entscheidend sie auch für die menschliche Entwicklung sind, beginnt der Gegensatz zwischen Mensch und Natur und damit der Verlust der ursprünglichen Ganzheit.
Im Traum muß eine Figur wie die des Luzifers keine negative Bedeutung haben. In den Träumen von Personen, die aufgrund einer puritanischen Moral alles Natürliche verteufeln, wird so die Notwendigkeit der Bewußtwerdung signalisiert, daß die Natur natürlich ist. Doch ebenso signalisiert Luzifer Personen, die ausschließlich an die Macht des Verstandes glauben, den teuflischen Aspekt, der jedem einseitig intellektuellen Denken innewohnt.

M

Mahlzeit

Mit einer gemeinsamen Mahlzeit im Traum wird das Bild von Gemeinschaftshandlungen ritueller oder magischer Art gezeigt. Bei der Deutung ist die religiöse Einstellung des Träumers zu berücksichtigen und entsprechend die Bedeutung der Abendmahlssymbolik heranzuziehen. Die Speisen, die bei einer Mahlzeit auf dem Traumtisch erscheinen, können vielfältig sein und bedeuten allgemein gesehen entsprechende psychische Funktionen oder psychische Inhalte. Derartige Traumszenen sind von besonderer Bedeutung für den Träumer.

Mantel

Der Mantel ist ein Symbol des Schutzes wie der Verhüllung. Diese Tendenz bezieht sich in der Regel auf die Persönlichkeit des Träumers. Es kann mit diesem Bild auch die Schutzbedürftigkeit von Personen seiner Umwelt angezeigt sein. (Siehe *Kleider*)

Maschine

Maschinen, so nützlich sie auch sind, sind technische Produkte. Sie sind ein Ersatz für natürliche Kräfte und für die Hilfsmittel der Natur. Die psychotherapeutische Erfahrung lehrt, daß ungewöhnliche Maschinen, maschinelle Konstruktionen, ein mit Maschinen erfüllter Traumort usw. Signale für die Gefahr ernster psychischer Störungen sind. Das gilt natürlich nicht für die vertrauten Alltagsmaschinen des Haushalts. So kann eine Waschmaschine beispielsweise als modernes Reinigungssymbol erscheinen. Trotzdem, geschieht die Traumhandlung durch eine Maschine, ist auf eventuelle andere Warnungssignale zu achten.

Maschinenpistole

Die Maschinenpistole im Traum ist als Symbolausdruck für gesteigerte Aggressivität anzusehen. Es können sexuelle Aggressionen damit gemeint sein. Hier zeigt der Traum *Rotlicht*. Denn was der Traum mit dem Bild der Maschinenpistole signalisiert, ist nicht eine gezielte Triebstrebung, sondern eine völlig unbewußt verlaufende Triebautomatik. (Siehe *Gewehr*)

Maske

Der Gebrauch der Maske stammt aus dem Kult der primitiven Völker. Seit Urzeiten ist die Maske ein Mittel, um im kultischen Tanz Symbole darzustellen. Der Gebrauch der Masken in der griechischen Tragödie stammt aus dem Dionysos-Kult. Der Gott Dionysos wurde nie ohne Maske gezeigt. Sein Gesicht blieb verhüllt. Hier symbolisiert die Maske die hinter der Natur verborgene göttliche Kraft. Der Karneval als eine Fortführung der ursprünglichen Dionysos-Feste hat den Gebrauch der Verkleidung übernommen. Sie dient dem Träger als Mittel, um ungehemmt Fantasievorstellungen und auch erotische Wünsche auszuleben.
In der Literatur wie im Film ist die Maske des Helden oder des Verbrechers ein Mittel, um dem Leser oder Zuschauer eine Identifikation mit dem Helden zu erleichtern. Im Traum ist die Maske ein Hinweis, daß sich der Träumer mit einer Person oder mit einer Kraft identifiziert, die nicht zu seiner Bewußtseinspersönlichkeit gehört. Meist handelt es sich dabei um Inhalte des *kollektiven Unbewußten*. Der Gewaltverbrecher hinter der Maske gehört als Bankräuber, Kidnapper usw. inzwischen zu den makabren Zeit-

erscheinungen des modernen Gesellschaftslebens. Die Täter tragen selbstverständlich Masken, um sich bewußt der Verfolgung zu entziehen. Psychologisch gesehen ist die Maske des Täters das Symbol für seine Identifikation mit einer anonymen, übermenschlichen Gewalt. Dahinter verbergen sich *Größenwahnvorstellungen.* Der Größenwahn jedoch ist ein krankhafter Ausgleich für einen *Minderwertigkeitskomplex.* Der Anlaß sind oft Potenzstörungen.

Maus

In den Märchen wie im Volksmund hat die Maus eine erotische Symbolbedeutung. Die Maus ist ein kluges Tier, das sich mit dem Speck in der Falle selten fangen läßt. Wird ihr ein Loch verstopft, so nagt sie sich verblüffenderweise an den unerwartetsten Stellen wieder durch. So ist es mit Gedanken, die um die Befriedigung der körperlichen Liebe kreisen, auch. Der Erfolg der weltbekannten *Mickeymaus* des Amerikaners Walt Disney beruht darauf, daß die *Mickeymaus* listiger und intelligenter ist als ihr Gegenspieler, die Katze. Im Film verkörpert sie die ganze Skala menschlicher Schwächen. Doch findet sie trickreich stets einen Ausweg. Darauf beruht ihr Erfolg. Eine ungünstige Bedeutung hat die Maus im Traum nur, wenn sie in Massen auftritt. (Siehe *Ratte*)

Meer

Das Meer ist das Symbol des Unbekannten, Unergründlichen, kurzum: des *Unbewußten.* Durch die Wasser der Weltmeere sind alle Erdteile, Länder und Völker miteinander verbunden. So fand C. G. *Jung,* daß das Meer in erster Linie als ein Symbol des *Kollektiven Unbewußten* anzusehen ist. Ist die Traumlandschaft am Meer gelegen, spielt sich die Traumhandlung am Ufer oder gar auf dem Meere ab, so signalisiert der Traum dem Träumer ein Geschehen, das zum Urbereich des Unbewußten gehört. Es ist gewissermaßen die Grenzsituation zwischen dem persönlichen Unbewußten des Träumers und dem kollektiven Unbewußten der menschlichen Gesellschaft angezeigt. In der Mythologie aller Völker wie auch nach der Auffassung der wissenschaftlichen Evolutionstheorie wird der Ursprung des Lebens auf der Erde im Meer gesehen. Ebenso birgt das Meer für den Menschen Gefahren.

Messer
Das Messer ist ein Instrument des Zerschneidens und Zerteilens. Wird dieser Vorgang mit dem Bewußtsein vom Verstand gegenüber einer Situation vorgenommen, so spricht man von einer *Analyse.* Diese Bedeutung hat das Messer in der Regel als Symbol im Traum. Das Messer kann bekanntlich auch als eine gefährliche Angriffswaffe verwendet werden. So gesehen steht der Mann, der den Träumer im Traum mit einem Messer verfolgt, für eine unbewußte Persönlichkeitsseite von starker aggressiver Energie. Er fällt den Träumer an, womit der Traum signalisiert, daß dieses Problem bewußt gemacht werden soll. Wenn Sie derartige Träume haben und der Mann mit dem Messer im Traum Sie ängstigt, dann machen Sie einmal folgendes Gedankenexperiment. Stellen Sie sich die Traumsituation noch einmal vor. Gehen Sie in Gedanken ruhig auf die bedrohliche Gestalt zu und nehmen Sie ihr das Messer aus der Hand. Sie werden sehen, daß diese plötzlich nicht mehr beängstigend, sondern im Gegenteil vermutlich eher hilfsbedürftig wirkt. Wenn Sie das im nächsten Traum tatsächlich tun, dann werden Sie sehen, daß sich diese bedrohliche Person mit dem Messer plötzlich in etwas völlig Unerwartetes verwandelt, was die Lösung zeigt, die Ihnen der Traum mitteilen will.

Milch
Die Milch ist das Nährende. Sie ist Urnahrung, die der Mensch nach der Geburt von der Mutter empfängt. Als mütterliche Nahrung weist die Milch in ihrer Symbolbedeutung auf das Nährende und Schützende des Weiblichen hin. In der mittelalterlichen Alchemie wird das Bild des Philosophen gezeigt, der an den Brüsten der *Sophia,* der Göttin der Weisheit, saugt. Die Symbolbedeutung dieses Bildes ist, daß die Wissenschaft ihre Erkenntnisse nicht aus philosophischen Spekulationen, sondern direkt durch die Naturbeobachtung (modern: das naturwissenschaftliche Experiment) gewinnt.

Mittag
Die Tageszeiten im Traum wie übrigens auch die Jahreszeiten sind Situationshinweise zur Orientierung des Träumers. Am Mittag ist die Tagesmitte erreicht. Die Sonne steht am höchsten.

Es kann damit eine Bewußtseinssituation angezeigt sein, ebenso kann der Mittag auf die Lebensmitte des Träumers hindeuten. (Siehe *Abend*)

Mond

Der Mond ist ein Symbol des Weiblichen. Diese Bedeutung hat er in allen Religionen unseres Kulturbereichs. In den vorchristlichen Religionen ist der Mond die Schwester des Sonnengottes *Apollo.* In den primitiven Nomadenkulturen des hohen Nordens, in Sibirien und auf Alaska, ist der Mond noch eine männliche Naturgottheit. Dort ist er der Sohn der Himmelsmutter. In den Träumen moderner Menschen hat der Mond jedoch erfahrungsgemäß stets eine weibliche Symbolbedeutung.

Mord

Mord, Mörder, Ermordete im Traum haben nichts mit einem Verbrechen in der Wirklichkeit zu tun. Trotzdem, der Traum signalisiert hier *Rotlicht.* Es ist ein Hinweis, daß der Träumer im Bewußtsein eine Persönlichkeitsseite in sich selbst gewaltsam abgetrennt hat. Das kann sich um Begabungen, ungenutzte Möglichkeiten und Beziehungen zu Mitmenschen handeln.

Morgen

Der Morgen, die Morgendämmerung, die Morgenröte sind Hinweise dafür, daß eine neue Situation entstehen wird. Das kann auch auf eine Bewußtwerdung hindeuten. (Siehe *Abend,* siehe *Mittag*)

Motorrad

Ebenso wie das Auto ist auch das Motorrad ein Energiesymbol. Es ist ein sehr persönliches Fortbewegungsmittel des Träumers auf seiner Lebensreise. Gegenwärtig wird das Motorrad vorwiegend von jugendlichen Personen gefahren. Es gilt als *Statussymbol.* Im Traum deutet das Motorrad jedoch weniger auf die Potenz hin als vielmehr auf die Problematik, die Triebhaftigkeit zu steuern. (Siehe *Auto*)

Muschel
Die Muschel ist ein weibliches Sexualsymbol. Im Gegensatz zur Auster tritt hier die Fruchtbarkeitssymbolik zurück. Eine verschlossene Muschel ist ein Symbol für die weibliche Unberührtheit. (Siehe *Auster*)

Mutter
Die Gestalt der Mutter im Traum ist ein umfassendes Symbol des Weiblichen. In den Träumen von Männern verkörpert die eigene Mutter ein inneres Seelenbild, gewissermaßen die unbewußte seelische Einstellung des Mannes zur Frau, wie sie in der frühen Kindheit durch die Begegnung und Erziehung durch die Mutter geprägt wurde. In den Träumen von Frauen erscheint die Mutter entsprechend als ein Bild der unbewußten *Schatten*persönlichkeit der Träumerin. Mit dem Bild der Mutter, vornehmlich wenn es sich um unbekannte Muttergestalten im Traum handelt, wird auch häufig die erweiterte Mutterfunktion der menschlichen Gesellschaft und gesellschaftlicher Institutionen symbolisiert. Das kann die Kirche sein, das kann ebenso auch auf eine Vorstellung des Träumers vom Staat als Wohlfahrtsgesellschaft hindeuten. Die Handlungen der Mutterfiguren im Traum sind wichtige Hinweise, die der Träumer überdenken soll.

Mutterkomplex
Es ist das Verdienst der modernen Tiefenpsychologie, daß sie die Bedeutung der Mutter für die psychische Entwicklung des Menschen aufgedeckt hat. Biologisch gesehen wird der Mensch gewissermaßen ein Jahr zu früh geboren. Mag auch die körperliche Entwicklung bei der Geburt für die Lebensfähigkeit des Säuglings bereits ausreichen, für den Lernprozeß im Bezug auf die Umwelt benötigt der Säugling noch ein weiteres Jahr. Während dieses ersten Jahres lebt das Kind in einer *Dual-Union* mit der Mutter. Es empfindet die Mutter als einen Teil der eigenen Persönlichkeit. Diese Beziehung ist ihm nicht bewußt. Um so einprägsamer sind, wie die moderne Neurosenforschung herausgearbeitet hat, alle Erlebnisse im Zusammenhang mit der Mutter. Wir wissen aus den Beobachtungen der Säuglingsstationen der Kinderheime, daß ein mutterloses Kind erst sehr viel später laufen lernt. Ebenso vermag es erst später sprechen zu lernen.

S. *Freud* gründete auf die Bedeutung der Mutter für das Kleinkind seine bekannte Theorie vom *Ödipuskomplex*. Die Symbolbedeutung des Ödipusmythos ist jedoch eine andere, als Freud annahm. Die Theorie von Freud, wonach die Bindung zwischen Kleinkind und Mutter eine sexuelle ist, hat sich als Irrtum herausgestellt. Der Irrtum ist entschuldbar, weil Freud zufolge des zeitbedingten Materialismus in der Wissenschaft auch für psychische Erscheinungen das Primat eines biologischen *Lustprinzips* annehmen mußte. Der Psychoanalytiker und Psychotherapeut Michael Balint hat die Zusammenhänge zwischen gestörter Umwelt beim Kleinkind und seinem späteren Verhalten eingehend untersucht. Störungen in der Mutter-Kind-Beziehung des Kleinkindes sind stets die Wurzeln für Neurosen oder Fehlhaltungen allgemeiner Art im späteren Leben.

N

Nabel

Der Nabel ist als *Weltnabel* ein universales kosmisches Symbol. Er verkörpert als Symbol die Mitte, und zwar die Mitte des Leibes der Erdmutter. Im Traum weist so der Nabel oft auf einen Mutterkomplex hin. Nabelträume von jungen Frauen deuten häufig auf eine latente lesbische Veranlagung.

Nacht

Die Nacht als Situationsangabe im Traum ist das Symbol für einen seelischen Bereich, der im Dunkeln liegt. Gemeint ist das Unbewußte. (Siehe *Abend*, siehe *Mittag*, siehe *Morgen*)

Nacktheit

Nacktheit im Traum deutet nur in den seltensten Fällen auf eine erotische Situation. In der Symbolsprache des Traums bedeutet die Nacktheit den ursprünglichen *Naturzustand* des Menschen. Im übertragenen Sinne ist mit der Nacktheit ein Zustand seelischer Entblößung angezeigt. Ebenso sind für die Traumdeutung Teilentblößungen zu verstehen. (Siehe *Kleider*)

Nase

Die Nase hat als Symbol eine *phallische Bedeutung.* Diese Symbolbedeutung dürfte auf einer physiologischen Tatsache beruhen. Die Nase ist das Organ des Geruchssinnes. Der Geruch ist, modern ausgedrückt, ebenso ein Kommunikationskanal zur Herstellung von Beziehungen zur Umwelt, wie es das Auge und das Ohr sind. Die moderne Biologie hat herausgefunden, daß die Kommunikation über den Geruchskanal durch die sogenannten *Phermone* hergestellt wird. Es handelt sich dabei um Geruchspartikelchen als Informationsträger für die Signalübermittlung der geschlechtlichen Reife bei den Insekten, den Schmetterlingen usw.

Neger, Afrikaner

Der Neger symbolisiert im Traum europäischer Menschen die Naturstufe im Sinne einer noch primitiven Bewußtseinsstufe. Die weitaus stärkere Unbewußtheit, der Glaube an magische Kräfte, die betont rhythmische Musik wie der besonders rhythmische und damit erotisierende Tanz sind es, die dem Neger diese Symbolbedeutung verliehen haben. Bereits in der klassischen Antike galt Afrika – als das Land des Südens, der Hitze, der tropischen Vegetation – als ein symbolischer Ort der dunklen und animalischen Leidenschaften. In den Träumen symbolisiert der Afrikaner meist die triebhafte, unbewußte Schattenseite des Träumers.

Neubau

Ist mit dem Haus im Traum das Seelenhaus des Träumers gemeint, so deutet ein Neubau auf eine seelische *Neuorientierung* des Träumers hin. (Siehe *Haus*)

Neun, Neunzahl

Die Traumsymbolik der *Neun* oder der *Neunzahl* ergibt sich aus der Vermischung von Astrologie und Astronomie. Zu früherer Zeit kannte man nur sieben Planeten. Doch wurden Sonne und Mond dazu gezählt, so daß sich die Neunzahl ergibt. Die Neun ist die oberste Zahl in der Zahlenreihe von eins bis neun. Die Neun ist auch das Produkt von drei mal drei. So symbolisiert die Neun eine potenzierte *psychische Aktivität.* Die vergleichende

Traumforschung zeigt, daß die Neun im Traum häufig im Zusammenhang mit der Dynamik unbewußter Inhalte in Richtung einer Neuorientierung auftaucht. (Siehe *Zahlen*)

Nixe

In den Märchen und Sagen der Völker ist die Nixe eine Frau mit einem Fischunterleib. Sie verkörpert im Traum die weibliche Sexualität auf einer noch kalten, naturhaften Stufe. Sie ist ein Traumhinweis, daß menschliche Wärme fehlt. In den Träumen jüngerer Personen deutet die Nixe auf eine noch unterentwickelte, *unreife Sexualität* hin, bei erwachsenen Frauen auf *Frigidität.*

Nuß

Die Nuß hat die Bedeutung eines Ganzheitssymbols. Die harte Schale, die die weiche Frucht umgibt, versinnbildlicht den innersten seelischen Kern der Persönlichkeit, *das Selbst.*

Nymphe

Nymphen sind weibliche Naturgeister, die als Baumnymphen, Quellennymphen oder Wassernymphen zum Gefolge der *Großen Göttin* gehörten. Das männliche Gegenstück der Nymphe ist *Pan,* der bockfüßige und behaarte Naturkobold. Nymphen und Pane gehörten im griechischen Mythos zum Gefolge des *Dionysos,* der in römischer Zeit zu *Bacchus* und dort zum Gott des Rausches, des Weines und der Trunkenheit wurde. Zu dieser Zeit hatte die Nymphe noch eine positive Symbolbedeutung. Sie verkörperte ein Stück *beseelter Natur.* Erst in den Sagen und Märchen der späteren Zeit wird aus der Nymphe die Nixe. (Siehe *Nixe*)

O

Oben-ohne-Mode

Als Traumbild hat eine Frau mit freien Brüsten eine völlig andere Symbolbedeutung als bei der gegenwärtigen *Oben-ohne-Mode.* Eine brustfreie Mode kannten bereits die alten Kreter vor über dreitausend Jahren. Damals hatte die Enthüllung der Brüste eine religiöse Bedeutung, die zum Kult der Dionysosreligion gehörte. Die freie unbedeckte Brust war das Symbol des nährenden Lebens. (Vgl. E. *Neumann*, ›Die Große Mutter‹, S. 130.) Betont männliche Frauen haben oft derartige Traumbilder. Der Traum signalisiert übertriebene Emanzipationsbestrebungen, die psychisch einen Rückschritt darstellen. Psychologisch ist die Forderung nach Gleichberechtigung eine rückschrittliche Tendenz. Im Sinne des Bewußtseinsfortschritts geht es nicht um die Gleichberechtigung, sondern um die *Gleichwertigkeit* der Frau.

Ofen

Der Ofen symbolisiert im Traum den Bereich der menschlichen Gefühlswärme. Er erscheint häufig in den Träumen von Frauen und deutet auf Eheproblematik hin. Für die Wärme im Ofen zu sorgen, war zu früherer Zeit ja die Aufgabe der Frau. Entsprechend ist bei der Deutung zu verfahren.

Offizier (siehe *Direktor*)

Operation

Operationen im Traum zeigen, daß ein Bereich des Seelischen, der im einzelnen durch einen Körperteil oder durch ein Körperorgan angezeigt wird, erkrankt ist und einer einschneidenden Behandlung durch den Träumer bedarf. So deuten Herzoperationen auf Gefühlskonflikte hin. Die Operation an den Beinen beispielsweise zeigt eine notwendige Neuorientierung in der Lebenseinstellung des Träumers. (Siehe *Arzt*, siehe *Krankenhaus*)

Opfer

Das Opfer gehört zu den ältesten Symbolhandlungen der Menschheit. Seine Bedeutung im Traum ist eine ähnliche wie die in fast allen Religionen, Mythen und Märchen. Es steht der Gedanke dahinter, daß höchste Werte nur durch ein Opfer zu erkaufen sind. Die Aufgabe falscher Haltungen im Leben wie die Aufgabe von ungünstigen Beziehungen kann mit dem Bild des Opfers im Traum ebenfalls signalisiert sein.

P

Party

Das Bild der Party ist als Hinweis des Traumes für die Beziehung des Träumers zu seinen Mitmenschen zu verstehen. Die Ereignisse auf der Party im Traum zeigen oft Verwicklungen und Konfliktsituationen des Träumers mit seiner Umwelt, soweit diese über den engsten Bereich der Familienbeziehung hinausgeht.

Pelz

Der Pelz ist ein Tierkleid. Ursprünglich diente er seinem Träger als Schutz vor Kälte. Heute ist der Pelz in der Regel ein *Statussymbol.* Bei den Primitiven gehört der Pelz zur Maskenkleidung. Dort symbolisiert der Pelz die Eigenschaften des Tieres, zu dem er gehört. Eine vergleichsweise Deutung gilt auch für den Pelz als Kleidung im Traum. (Siehe *Kleider,* siehe *Tiere*)

Pfarrer, Pastor

Der Beruf des Pfarrers oder des Pastors ist der eines *Seelsorgers.* Taucht eine derartige Persönlichkeit in den Träumen von Personen in der zweiten Lebenshälfte auf, so signalisiert hier der Traum die Notwendigkeit, sich über den Sinn des Lebens Gedanken zu machen. Allgemein kann sich hinter dem Bild des Priesters im Traum auch die hilfreiche Funktion des *Seelenarztes* verbergen. (Siehe *Arzt*)

Pfau

Der Pfau mit seinem leuchtenden Rad ist ein *Wiedergeburtssymbol.* Diese Bedeutung hat er in der mittelalterlichen Kunst. Der Pfau ist der sagenhafte Vogel *Phönix* der klassischen Antike. Nach dem Mythos wird der Phönix 500 Jahre alt, dann verbrennt er und wird aus der eigenen Asche wiedergeboren. Eine entsprechende Bedeutung kommt dem Pfau in der Bildsprache des Traumes zu. (Siehe *Feuer*)

Pferd

Das Pferd ist ein Traumsignal von höchster Bedeutung. In der Mythologie wie in den Sagen und Märchen verkörpert das Pferd das *Symbol der Lebenskraft* schlechthin. Das Pferd gehört zu den ältesten Haustieren des Menschen. Bei den Nomadenvölkern war das Pferd nicht nur ein Reittier, sondern auch das Tier, das Nahrung gab und dessen Milch sogar zu Rauschtränken aufbereitet wurde. Das Pferd ist so ein *Muttersymbol.* Es wärmte und schützte den Reiter in früheren Zeiten, wenn er sich nachts zum Schlafen an den Pferdeleib legte. Das Pferd weckte bei den Anzeichen einer Gefahr den schlafenden Herrn.

Die Beziehung zwischen Mensch und Pferd dürfte in der Vergangenheit die persönlichste zwischen Menschen und einem Tier gewesen sein. So wurde der *Hengst* mit seiner Kraft und Schnelligkeit zum Symbol männlicher Lebenskraft und Potenz. Das weibliche Pferd, die *Stute,* wurde zu einem Muttersymbol. Erst im christlichen Mittelalter wurde das schwarze Pferd beispielsweise zu einem Symbol dunkler, bedrohlicher Mächte. Es wurde zum Reittier des Teufels.

Ein gewisses übersinnliches Ahnungsvermögen des Pferdes für Gefahrsituationen ist bekannt. Pferdeträume sind zu beachten. Die vergleichende wissenschaftliche Traumforschung bestätigt, daß der Volksglaube, der das Pferd als einen *Todesboten* ansieht, im gewissen Sinne richtig ist. Der Tod des Pferdes im Traum, beispielsweise das Bild eines Pferdes, das sich im vierten Stock einer Großstadtwohnung befindet und zum Fenster hinausstürzt, signalisiert erfahrungsgemäß reale Todesfälle in der nächsten Umgebung.

Pflaume

Im fernen Osten, in China und Japan, gilt der Pflaumenbaum als Lebensbaum und Baum der Erkenntnis. Er hat dort die Bedeutung eines *Glückssymbols.* Im Orient ist der Pflaumenbaum ein Symbol des Frühlings und der Unberührtheit, weil er dort bereits im Frühling blüht. Der Volksmund sieht in der Pflaume ein weibliches *Sexualsymbol.* Für die Traumdeutung ist der Gesamtzusammenhang wichtig. (Siehe *Apfel*)

Pilz

Pilze sind im Traum Hinweise für Rauschzustände. Viele Pilze enthalten bekanntlich Alkaloide (Giftstoffe), die rauschartige Zustände erzeugen. Dem Pilz kommt daher im Traum auch eine Sexualbedeutung zu, wie sie sich aus dem Begriff des *Liebesrausches* ergibt.

Platz

Spielt sich die Traumhandlung auf einem viereckigen oder runden, besonders gekennzeichneten Platz ab, so erscheint dieser als Symbol des psychischen Zentrums. Die Handlung, die auf dem Platz im Traum stattfindet, ist wichtig. Der Traum signalisiert die Notwendigkeit, über diese Inhalte zu meditieren. (Siehe *Kreis*)

Polizist

Die Person eines Polizisten oder anderer Ordnungshüter symbolisiert eine innere *Ordnungsfunktion* des Träumers. Es ist in etwa mit dem Polizisten das gemeint, was wir gewöhnlich unter dem Begriff des *Gewissens* verstehen. Der *Verkehrspolizist* im Traum gibt dem Träumer Richtlinien für eine Anpassung an die Umweltsituation, in familiärer wie in gesellschaftlicher Hinsicht. Das kann sich auch auf die Gestaltung erotischer Partnerschaftsbeziehungen erstrecken.

Q

Quadrat

Das Quadrat als ideales, gleichseitiges Viereck ist ein *Ganzheitssymbol.* (Siehe *Vier*, siehe *Platz*)

Quelle

Die Quelle, deren Wasser aus dem Schoß der Erde bricht, ist in erster Linie ein *Fruchtbarkeitssymbol.* In den katholischen Ländern des Südens finden wir noch heute Quellen, die der Gottesmutter geweiht sind und deren Wasser den Frauen zur Fruchtbarkeit verhelfen soll. Als ein Beispiel sei die Quelle *Fontana*

Martina auf dem Wege zwischen dem bekannten Tessiner Fremdenverkehrsort Ascona nach Ronco erwähnt. In der kleinen Grotte ist ein Schöpflöffel an einer Kette angebracht und noch heute suchen die jungen Tessiner Frauen in der Dämmerung verstohlen die Quelle auf, wenn allzu lange in der Ehe das Kind ausbleibt.
In den Märchen ist die Quelle ein Symbol der *Jungfräulichkeit* und der Reinheit. Die gleiche Bedeutung hat die Quelle bereits im Alten Testament. Im ›Hohelied‹ (IV, 12) wird die Jungfrau mit einer versiegelten Quelle verglichen.
Allgemein hat die Quelle im Traum eine positive Bedeutung. Sie ist ein Hinweis für die Zufuhr psychischer Energie. (Siehe *Grotte*)

Quitte

Die *Quitte* und die *Aprikose* (Marille) haben als Symbole die gleiche sexuelle Bedeutung wie die Pflaume. In den mittelalterlichen Apotheken wurden Quittenkerne für die Herstellung eines Universal-Vitalisierungselexiers verwendet. (Siehe *Pflaume*)

R

Rabe

Der Rabe ist ein kluges Tier, das Sprechen lernen kann. Das hat ihm im Volksmund die Bedeutung eines *Seelenvogels* eingetragen. In der germanischen Mythologie galt der Rabe als Vogel *Wotans* und als *Todesvogel*. Er verkörperte die *Walküren*. Das Mittelalter sah im Raben ein Tier von negativer Bedeutung. Er wurde infolge seiner Intelligenz als Hexentier angesehen und teilweise auch als ein Tier des Teufels. Daher der sprichwörtliche Begriff vom *Unglücksraben*. Erfahrungsgemäß signalisiert der Rabe im Traum unglückliche Gedanken. Man kann auch sagen, ungeschickte und ungünstige Überlegungen des Träumers.

Rakete

Raketen, ob als Geschoß oder als Weltraumrakete, sind Erzeugnisse der jüngsten Technik. Äußerlich gesehen ist die Rakete ein Zeichen für den technischen Fortschritt in der zweiten Hälfte unseres Jahrhunderts. Die Symbolbedeutung der Rakete im Traum dagegen ist weniger günstig. Erfahrungsgemäß erscheint sie als ein *Gefahrensignal.* Die Weltraumrakete hat der heutigen Menschheit die Möglichkeit eines Aufbruchs in den Kosmos erschlossen. Damit ist ein uralter Wunschtraum der Menschheit (die *Rückkehr* zu der Heimat der göttlichen Ureltern nach fast allen kosmogonischen Mythen) Wirklichkeit geworden. Die Mythen jedoch sind *Kollektivträume* der Menschheit. Die persönliche Psyche eines Menschen sieht die Situation nüchterner. Die *Fahrt im Raumschiff* stellt eine totale Entfernung von der Natur dar und von der Erde, auf der wir im Alltag leben. Im Traum bedeutet die Rakete so eine gefährliche Situation, die bis zu Selbstmordtendenzen reicht. Bei der jungen Generation unserer Zeit taucht die Rakete im Traum auch als Symbol von sexueller Bedeutung auf. Nur darf sie nicht schlicht wegen ihrer länglichen Gestalt als Zeichen des männlichen Genitale gedeutet werden. Die Explosivgefahr von Raketengeschossen ist stets zu beachten. Die Gefahr *explosiver Triebhandlungen* kann gegeben sein.

Ratte

Mit der Ratte als Traumtier weist der Traum auf ungünstige und gefährliche Situationen hin. Es können nagende, unfruchtbare Zweifel des Träumers sein, die einer positiven Lebenseinstellung hinderlich sind. Doch kann die Ratte ebenso das frühe Traumsignal für ernste und gefährliche körperliche Erkrankungen sein. (Siehe *Maus*)

Räuber (siehe *Einbrecher*)

Raubtier

Raubtiere im Traum symbolisieren starke *Aggressionstendenzen.* In der Mythologie gehören Raubkatzen und andere Raubtiere zum Gefolge der weiblichen Naturgottheit. Damit ist der bedrohliche und negative Aspekt der weiblichen Sexualität für den Mann angedeutet. Diese Symbolbedeutung hat das Raubtier im Traum ebenfalls. Traumtiere männlich-sexueller Aggressivität sind in den Träumen von Frauen erfahrungsgemäß meist kleinere Raubtiere wie *Iltis, Wildkatze, Marder* u. ä.

Rechts, Rechtsläufigkeit (siehe *links*)

Regen

Regen ist seit Urzeiten ein *Symbol der Fruchtbarkeit.* In ihm kommt eine männliche Himmelskraft zum Ausdruck, die die Erde befruchtet. Das gleiche Symbolmuster finden wir in der griechischen Mythologie in der Erzählung von *Danae,* die von Zeus in der Gestalt eines *Goldregens* befruchtet wurde. In der Traumsprache weist der Regen häufig auf eine *geistige Befruchtung* durch neue, schöpferische Ideen hin.

Reise

Die Reise gehört zu den häufigsten Bildsituationen im Traum. Ob mit dem Auto, dem Schiff oder der Eisenbahn, stets ist mit der Reise symbolisch die *Lebensreise* des Träumers gemeint. Die Deutung im einzelnen ergibt sich aus den benutzten Gefährten und der gesamten Reisesituation.

Reiten

Reiten im Traum kann eine sexuelle Symbolbedeutung haben. Doch es ist das Bild des beherrschten und gezähmten Triebes. Entscheidend ist die Situation dabei. Wenn das Pferd scheut, dem Reiter durchgeht oder sich nicht von der Stelle bewegen will, so gibt der Traum sinnbildliche Hinweise für entsprechende neurotische Störungen. (Siehe *Pferd*)

Revolver

Der Revolver ist ein Symbol männlicher *Aggressivität.* In den Westernfilmen und Krimis ist der Revolver das typische Attribut des *harten Mannes.* Das unerschöpfliche Magazin des Revolvers des Film-Helden symbolisiert dessen unerschöpfliche Potenz. (Siehe *Gewehr*)

Riese

Die Gestalt des Riesen weist auf eine übermächtige *Vaterfigur* hin. Es ist eine archetypische Figur, die hier im Traum erscheint.

In der Mythologie wie in den Märchen symbolisiert der Riese die unbewußte männliche Triebhaftigkeit in ihrer Bedrohlichkeit. Der Riese ist gewissermaßen das Gegenstück zu der *Großen Mutter* in ihrem negativen, verschlingenden Aspekt als Todesgöttin. In den Märchen ist es eigentümlicherweise nicht der Held, der den Riesen besiegt, sondern der einfältige jüngste Bruder. Es ist der Stubenhocker, der von der Familie als Ofenhocker verspottet wird. Doch in den Märchen ist gerade er es, der dann auszieht, um dem Bruder zu helfen. Und der einfältige Ofenhocker ist es, der den richtigen Einfall hat, um den Riesen zu besiegen.
Die Symbolbedeutung einer derartigen Märchenhandlung ist, daß im Kampf mit Ungeheuern und Riesen ein noch so wacher Verstand oft nicht genügt. Die Figur des einfältigen Bruders verkörpert die psychische Funktion, die mit dem Unbewußten Kontakt hat. Das bedeutet, daß der Verstand durch die Verbindung zur *Intuition* (unbewußte Eingebungen, schöpferische Einfälle) die richtige Lösung findet.

Rom

Die Stadt Rom ist das Zentrum der abendländischen Kultur. Sie ist auch die Hauptstadt der abendländischen christlichen Religion. Als Ort im Traum weist Rom auf ein Geschehen, das sich gewissermaßen im Zentrum der psychischen Tätigkeit abspielt. (Siehe *Hauptstadt*)

Rose

Die Rose gilt seit Urzeiten als *Blume der Liebe.* Die Liebesgöttin *Aphrodite* wurde auf der Roseninsel Rhodos geboren. Die Rose ist ein Symbol des Weiblichen in seiner Gefühlsfunktion. Damit ist nicht die weibliche Sexualität gemeint.
Im Mittelalter wurde die Rose zum Symbol der Jungfrau Maria. Sie symbolisiert dort die *himmlische* Liebe oder die Erlösungsmöglichkeit durch die geistige Liebesbeziehung. In der mittelalterlichen Alchimie vertritt die Rose als Symbol die Phase der *Rubedo,* der Rötung. Es ist die letzte Phase des alchimistischen Opus vor der Verwandlung von unedlen Metallen in Gold oder der Gewinnung des Lebenselexiers. Dieses Lebens- und Verjüngungselexier ist die *rote Tinktur,* die durch die Rose symbolisiert wird.

Im Westen hat die Rose die gleiche Symbolbedeutung wie der *Lotus* in den Religionen des fernen Ostens. In Indien verkörpert der Lotus die Göttin Shakti als Göttin Natur. In ihrem Schoß ist *Civa,* der Gott-Sohn des Kosmos, der das geistige Prinzip der Welt verkörpert, enthalten. Das ist der gleiche Gedanke wie in der christlichen Vorstellung von der Rose als ein Symbol der Gottesmutter. Aus ihrem Schoß geht Christus hervor (vgl. C. G. *Jung,* ›Psychologie und Alchemie‹, S. 159). Die Geburt aus der weiblichen Blüte, ob aus dem Lotus oder aus der Rose, symbolisiert die Geburt des Göttlichen (C. G. *Jung* und R. *Wilhelm,* ›Das Geheimnis der goldenen Blüte‹, Berlin 1929). Im Symbol des *Rosenkreuzes* tritt diese Vorstellung am deutlichsten zutage.
Die Sitte, Rosen als Beweis der Liebe oder der Liebeswerbung zu schenken, ist heute so allgemein verbreitet, daß in den Träumen moderner Menschen die Rose oft nur noch die Bedeutung eines Zeichens hat. Besonders in den Träumen jüngerer Personen ist das der Fall. In den Träumen von Personen in der Lebensmitte erscheint die Rose häufig als ein Symbol blütenhafter Entfaltung der seelischen und geistigen Entwicklung. (Siehe *Farben,* siehe *Rot*)

Rot

Die Farbe *Rot* ist ein Symbol der Lebenskraft. Es ist die Farbe des Blutes, des Feuers und des Herzens. Bei vielen primitiven Völkern symbolisiert die Farbe *Rot,* wie E. *Neumann* in ›Die Große Mutter‹ ausführt, den weiblichen Schoß. In den ägyptischen und griechischen Mysterienkulten war das *Rot* die Farbe der Priester. In der mittelalterlichen Naturphilosophie, der Alchemie, war die *Rubedo* der höchste Grad des alchemistischen Opus. In der Kirche ist *Rot* die Farbe des Kardinalgewandes.
In den Träumen signalisiert die rote Farbe Lebensaktivität im Bereich der Gefühle. Es ist die Leidenschaftlichkeit der Gefühle damit gemeint. So ist das Rot auch ein Gefahrensignal. Es weist, wie schon der Name Leidenschaft besagt, auf die Konfliktmöglichkeiten hin, die sich aus der Abhängigkeit vom Sexualtrieb und der körperlichen Gebundenheit an einen Liebespartner ergeben. (Siehe *Farben,* siehe *Rose*)

Rubin

Nach dem Diamanten und Smaragden ist als dritter der Rubin der kostbarste der Edelsteine. Seiner Blut- und Herzfarbe wegen gilt er als ein *Symbol der leidenschaftlichen Liebe.* In der mittelalterlichen Alchimie war die Symbolbedeutung des Rubin die gleiche wie die der Rose.

Die Alchimisten kannten keinen Unterschied zwischen toter und belebter Natur. Der Kristall barg für sie eine psychische Kraft in seinem Inneren, die das Muster und die Struktur des Edelsteins bestimmte, so wie diese Kraft auch die Pflanze belebte oder beseelte. (Siehe *Rose*)

Rußland

In den Träumen von Männern, die während des letzten Krieges Soldaten waren, tauchen häufig Landschaften aus Rußland auf. Dieser Umstand wurde in der tiefenpsychologischen Literatur zur Traumdeutung u. W. bisher nicht berücksichtigt. Allgemein gesehen kann der Traumhinweis auf Rußland ein einleitender Hinweis für ein Traumthema sein, das sich mit Kriegs- und Gefangenschaftserlebnissen befaßt, um diese aufzuarbeiten. Doch unabhängig davon symbolisiert Rußland im Traum oft die affektive Gefühlsseite des Träumers, wie im Gegensatz dazu beispielsweise *Frankreich* als der Bereich einer gefühlsbetonten Verstandesseite erscheint. In diesem Zusammenhang ist mit *Amerika* der Hinweis auf eine betont materiell orientierte Lebenseinstellung gegeben. So symbolisiert in den Träumen nicht Rußland, sondern Amerika die Veräußerlichung, Beziehungslosigkeit und Entseelung des modernen Menschen. (Siehe *Indien*)

S

Säbel

Wie das Messer so ist auch der Säbel ein Instrument des Zerschneidens und Zerteilens. Doch der Säbel ist eine Waffe. Damit ist nicht so sehr das Zerteilen im Sinne des Sezierens oder Analysierens gemeint, sondern das gewaltsame Abtrennen und Durschlagen. Wie alle Hieb- und Stichwaffen kann auch der Säbel eine erotische Nebenbedeutung haben. Besonders in den Träumen jüngerer Personen ist das der Fall. Doch ist mit dem Säbel nicht etwa schlicht der Phallus gemeint, sondern das aggressive Eindringen des jungen Mannes in den Bereich der ihm noch unbekannten Sphäre der weiblichen Sexualität. (Siehe *Messer*)

Salz

Salz und Brot wurden auf dem Lande früher dem Gastfreund überreicht und ebenso der Braut bei der Hochzeit. Das war der sichtbare Symbolausdruck für ein glückliches Zusammenleben und die Gemeinsamkeit der Interessen. Das Brot ist die Urnahrung des Menschen. Das Salz gehört dazu. Die meisten Speisen werden erst durch das Salz schmackhaft und genießbar.
Ist im Traum das Brot ein Symbol für die seelische Nahrung, so ist mit dem Salz gewissermaßen die *geistige Würze* zu verstehen. Hat der Träumer im Traum eine versalzene Suppe auszulöffeln, so ist das ein Hinweis, daß er Probleme zu sehr intellektualisiert. (Siehe *Brot*)

Samen

Der Same, ob als Samenkorn oder als menschlicher Samen, symbolisiert die *Lebenskraft*. Befruchtungsvorgänge im Traum, auch wenn sie deutlich in das Bild der sexuellen Vereinigung gekleidet sind, dürfen in keinem Falle sexuell gedeutet werden, wie es zur Zeit der früheren Psychoanalyse üblich war. Der Same ist das dingliche Symbol für die Entstehung und Entfaltung des Lebendigen. Zu früheren Zeiten war die Unterscheidung zwischen körperlicher und geistiger Fruchtbarkeit unbekannt. Die körperlichen Vorgänge der Befruchtung und Zeugung waren nur eine Seite der Wirkung einer göttlichen Lebenskraft, die das Körperliche und das Seelische gleichermaßen erfüllte. Zur Zeit der Antike war der Same das Symbol des göttlichen *Pneuma* (Geistes), das die Welt erfüllt. Noch bei einigen frühchristlichen Sekten waren kultische Liebesmahle üblich, bei denen männlicher Same und auch Menstrualblut verzehrt wurden. Dabei galt das Menstrualblut als weibliches *Sperma*. Für unsere Begriffe scheinen diese kultischen Riten Satansmessen zu sein. Nach der Vorstellung frühchristlicher Sektierer aber war das Sperma der Träger der göttlichen Kraft, die Körper und Seele, Natur und Geist gleichermaßen durchströmt.

Wenn der Traum daher das Bild einer gemeinhin als pervers geltenden *oralen* Befruchtung zeigt, so hat ein derartiges Bild nichts mit unerfüllter oder verdrängten Wünschen zu tun. Ebenso wenig ist es ein Hinweis auf eine sexuelle Perversion des Träumers, wie fälschlicherweise oft angenommen wird. Die Erklärung ist, daß die Welt der Psyche eine *Einheitswirklichkeit* darstellt. Gerade dieses Bild symbolisiert im Traum die Notwendigkeit einer besonders innigen geistigen Vereinigung.

Sarg (siehe *Begräbnis*)

Schatz

Die Märchensituation, daß der Träumer unerwartet einen Schatz findet, signalisiert im Traum, daß ungenutzte Talente oder Möglichkeiten in ihm verborgen sind, die gehoben werden sollten. (Siehe *Geld*, siehe *Gold*)

Schiff

Das Schiff im Traum ist das Symbol des *Lebensschiffes*. Diese Symbolbedeutung hat das Schiff seit Urzeiten und bei allen Völkern. Nach dem Muster frühester Mythen fährt der schlafende Embryo auf dem Urmeer im Uterus-Schiff schaukelnd ins Leben. Die Götter durchqueren in der kosmischen Barke das Himmelsmeer, den Bereich des großen Weiblichen. In der ägyptischen Mythologie ist das Mondschiff des Nachtmeeres die große Lichtschale der weiblichen Gottheit. Das Schiff ist hier ein *Seelenschiff* und damit auch ein Totenschiff (vgl. E. *Neumann*, ›Die Große Mutter‹ S. 243).
Der ursprünglich animistischen Vorstellung, daß die gesamte Natur und auch alle Dinge beseelt seien, entsprach es, in dem Schiff ein beseeltes weibliches Wesen zu sehen. So wurden die Segelschiffe früherer Zeiten am Bug mit einer Gallionsfigur verziert. Diese wurde in der Regel als eine Frau mit nacktem Oberkörper und betont kräftigen Brüsten dargestellt.
In den Träumen symbolisiert das Schiff den unbewußten Lebensprozeß der Lebensreise. (Siehe *Fluß*, siehe *Meer*)

Schirm

Der Schirm kann ein *Personasymbol* wie ein *Schutzsymbol* sein. Für den modernen Menschen ist der Schirm ein Schutz gegen Regen und Sonne. Im Altertum dagegen, wie auch bei primitiven Volksstämmen noch heute, ist der Schirm ein Attribut des Herrschers. Die Symbolbedeutung des Schirmes ist die, daß der Herrscher oder das Stammesoberhaupt es sind, die ihr Volk beschirmen und beschützen. In den Träumen kann der Schirm ein männliches Herrschaftszeichen sein. Der aufgespannte Schirm jedoch wird stest als die Schutzfunktion des Schirmes und damit des Trägers verweisen. So kann das Traumbild eines sich unter einen großen Schirm flüchtenden Träumers die Bedeutung des Fluchtmotivs, der Lebensangst, der Flucht vor der Lebenswirklichkeit usw. annehmen.

Schlafzimmer

Das Schlafzimmer kann als Ort im Traum ganz allgemein lediglich auf die Unbewußtheit des Träumers hindeuten. In der Regel jedoch grenzt der Traum mit dem Bild des Schlafzimmers den Bezirk ab, in dem sich die eheliche Beziehung wie auch die außereheliche Partnerschaftsbeziehung abspielt. Die weitere Traumhandlung zeigt dann die Probleme auf, die sich für den Träumer aus der Partnerschaftsgestaltung zwischen Mann und Frau ergeben. (Siehe *Haus*)

Schlange

Die Schlange ist ein uraltes und doppeldeutiges Symbol. In der Erzählung vom Sündenfall in der Bibel verkörpert die Schlange *Luzifer*. Er ist es, der die ersten Menschen dazu verführt, die Frucht vom Baume der Erkenntnis zu essen. Mit der *verbotenen Frucht*, die Eva von der Schlange erhält und an Adam weitergibt, ist die Bewußtwerdung des Menschen gemeint. Durch das Bewußtsein erlangte der Mensch Macht über die Natur. Die Geburt des Bewußtseins dürfte der revolutionärste Vorgang in der Entwicklungsgeschichte des Lebendigen sein. Durch das Bewußtsein unterscheidet sich der Mensch grundsätzlich von allen anderen Lebewesen. Er wurde damit in den Bereich der Gottähnlichkeit erhoben. Doch andererseits wurde er sich auch seiner Sterblichkeit bewußt. Das ist die giftige Seite der verbotenen Frucht.

In den Urmythen der nichtjüdischen Völker gehört die Schlange zur großen Mutter Natur. Es war die Erdmutter. Die Schlange wohnt in Erdlöchern. Das mag dazu geführt haben, in der Schlange einen Phallus der Erdmutter zu sehen, die sich nach vorzeitlicher Vorstellung noch selbst befruchtet. Doch die Erdmutter ist nicht nur die Lebensmutter, sondern auch die verschlingende Todesmutter. In den späteren Mythologien wird die *Große Göttin* als Todesgottheit stets mit Schlangen zusammen dargestellt. Daraus erklärt sich der Doppelaspekt der Schlange als Symbol. Sie ist einmal ein *Wandlungssymbol* und steht für die Wiedergeburt und die Auferstehung des Lebens. Als ein kaltes Naturwesen, ohne persönliche Beziehung zum Menschen und ihm gefährlich, symbolisiert die Schlange den bedrohlichen Aspekt der Natur, die das Leben im Tode wieder in sich hineinschlingt.
Als ein Wandlungs- und damit ein *Heilssymbol* ist die Schlange gleichzeitig ein Symbol für das Höchste, den Gottessohn, den Weltgeist u. a. So finden wir auf mittelalterlichen Darstellungen die Schlange sowohl als ein Attribut des Teufels und gleichzeitig als ein Attribut der Jungfrau Maria wie auch bei Christus. Doch selbst das Gift der Schlange ist nicht nur tödlich. Zu allen Zeiten wurde es in kleiner Dosierung für die Zubereitung von Medizinen verwandt. Noch heute ist die Doppelschlange das Symbol der Ärzte und der Apotheker. Sie symbolisiert hier in ihrem Doppelaspekt, daß sowohl die Krankheit als auch die Heilung von der Natur ausgehen und natürliche Erscheinungen sind.
In den Träumen ist die Bedeutung der Schlange überaus vielfältig. Sie symbolisiert auch die instinkthafte Triebnatur des Menschen. Bei jugendlichen Personen kann es angebracht sein, die Schlange sexuell zu deuten. S. *Freud* sah in der Schlange ein typisch phallisches Symbol. Damit ist jedoch die Symbolbedeutung der Schlange keineswegs erschöpft. In den Träumen älterer Personen und Personen, die in der Mitte ihres Lebens stehen, wird die Schlange zumeist als ein Wandlungs- und Wiedererneuerungssymbol erscheinen. Sie kann selbstverständlicherweise auch als ein Gefahrensignal auftauchen, wenn sich der Träumer Jugendkraft durch sexuelles Ausleben verspricht. Die Gefahr, daß ein Mann in der Lebensmitte so den Verführungskünsten einer ›Schlange‹ erliegt, worunter der Volksmund eine kalt-berechnende Frau versteht, liegt nahe. (Siehe *Tiere*)

Schleier

Der Schleier ist ein Symbol des *Geheimnisses.* Seine Bedeutung ist vielfältig. Im Buddhismus verkörpert die verschleierte Maya, ihr Gegenstück in der ägyptischen Religion ist die verschleierte Isis, die verführerischen Illusionen der Welt. Den Schleier der Maya lüften bedeutet, geheimes Offenbarungswissen über die wirkliche Realität der Welt erlangen. Das Geheimnis der Sexualität wird bei allen Völkern durch den *Schleier der Braut* symbolisiert. Das Zerreißen des Brautschleiers symbolisiert die Defloration der Braut. Die Defloration jedoch ist bei allen frühen und primitiven Völkern ein religiös-sakraler Akt. Das Zerreißen des Schleiers hat die Bedeutung, daß die Einweihung in ein Geheimnis beginnt. In den Träumen kann der Schleier als ein weibliches Symbol der Jungfräulichkeit, aber auch der Unergründlichkeit des Weiblichen für den Mann, gedeutet werden. Ganz allgemein kann der Schleier im Traum als Gefahrsignal erscheinen. Der Traum signalisiert dann die Gefahr, die mit einer gewaltsamen Entschleierung von Situationen gegeben ist, an die der Träumer besser nicht rühren sollte. Denn für das psychische Leben des Menschen haben Geheimnisse oft den Charakter einer Schutzfunktion.

Schloß, Burg

Schloß und Burg sind wie alle Gebäude als Bereich des psychischen Lebens des Träumers zu verstehen. Sie sind auch *Muttersymbole* in dem Aspekt der bergenden und schützenden Mütterlichkeit. Doch die wenigsten Menschen haben ihre Kindheit in einem Schloß oder auf einer Burg verbracht. Das Schloß ist vielmehr der Wohnsitz der Königin oder Landesmutter. Es ist so ein kollektives oder *archetypisches Muttersymbol,* das sich im Traum hinter dem Bild des Schlosses oder der Burg verbirgt. (Siehe *Mutter*)

Schloß und Schlüssel

Schloß und Schlüssel haben in den meisten Volksmärchen eine sexuelle Bedeutung. Sie ergibt sich aus der Analogie der Vereinigung von Mann und Frau. Der Schlüssel ist im Märchen aber auch ein *Offenbarungssymbol.* Der Traum zeigt mit dem Bild des Schlosses allgemein gesehen die Situation der *Verschlossenheit* an. Ergibt der Zusammenhang den Hinweis, das Schloß als Symbol der weiblichen Genitalität zu deuten, so kann das ein Hinweis auf die Schutzbedürftigkeit einer Frau wie der Hinweis auf weibliche Frigidität sein. Mit dem Bild des Schlüssels, der in das Schloß paßt, ist der Hinweis auf die Möglichkeit der Veränderung und des Wandels gegeben. Der Schlüssel als Gegenstück zum Schloß hat männliche Bedeutung. Er symbolisiert männliche Kraft und Herrschgewalt. Im Mittelalter war es Sitte, dem König bei seinem Besuch einer Stadt die Stadtschlüssel zu überreichen. Die Stadt begab sich damit symbolisch in seinen Besitz und unter seine Herrschaft. Das darf jedoch nicht einseitig verstanden werden. Mit dem Stadtschlüssel übernahm der König auch seinerseits die Verpflichtung, die Stadt vor Angreifern zu schützen und die Entfaltung des Handels der Stadt zu garantieren. (Siehe *Blaubart*)

Schmetterling

Das griechische Wort für Schmetterling ist *Psyche,* was ebenso *die Seele* heißt. Diese Doppelbedeutung des Wortes Psyche ergibt sich aus der biologischen Eigenart des Schmetterlings. Der Schmetterling macht einige Verwandlungen durch. Die Raupe wird zur Puppe, und erst aus der Puppe entschlüpft der Schmetterling. So wurde er zu einem Symbol der Auferstehung und der Wiedergeburt. In der christlichen Symbolik wurde die Puppe in eine Analogie mit dem menschlichen Körper gesetzt und der Schmetterling symbolisiert die von der Hülle des Körpers befreite Seele. Doch nicht nur in Griechenland, auch bei vielen primitiven Völkern gilt der Schmetterling als ein Symbol der Seele. Bei den Azteken, den Ureinwohnern des nordamerikanischen Kontinents, versinnbildlichte ein Schmetterling auf dem Mund des Toten die aus dem Körper entfliehende Seele.

Die negative Bedeutung des Schmetterlings als ein Symbol der Flatterhaftigkeit und Unbeständigkeit der Frau ist jüngsten Datums. Diese Analogie kam im vorigen Jahrhundert auf, als die Vorstellung von der Seele als einer eigenständigen Kraft der menschlichen Persönlichkeit aufgegeben wurde. Im Märchen von ›Amor und Psyche‹ ist Psyche die Braut von *Amor* oder griechisch *Eros,* dem Gott der Liebe. Gegen das Verbot zündet Psyche auf den Rat ihrer Schwester eines Nachts Licht an. Sie entdeckt so das Geheimnis, daß ihr Mann ein Gott ist, aber sie verliert ihn dadurch. Die Enthüllung des Geheimnisses erfolgt auf den Rat ihrer mißtrauischen, materiell berechnenden Schwester. Sie hätte

warten müssen, bis sich ihr der Gott von selbst enthüllt. Der Gedanke, der hier hinter dem Mythos steht, ist der, daß durch die Weitergabe des Geheimnisses an die berechnende Schwester der Gott prophaniert wird, das heißt das göttliche Geheimnis der Liebe wird in den Bereich des Menschlichen, allzu Menschlichen gezogen. Damit verschwindet der Gott und Psyche muß lange Suchwanderungen unternehmen, bis sie ihn schließlich wiederfindet. Vereinfacht und modernisiert besagt das Märchen von ›Amor und Psyche‹, daß die Frau die beglückende Kraft der Liebe als eine seelische Beziehung nicht im Sexualunterricht erfahren kann. Dieses Geheimnis kann sie nur an sich selbst erfahren und nur durch sich selbst finden.
Die Erfahrung hat gezeigt, daß das Auftauchen des Schmetterlings in den Träumen heutiger Menschen noch immer das Symbol des Mythos enthält. Der Schmetterling erscheint als ein Symbol der suchenden und irrenden Seele. Die moderne Analogie der Flatterhaftigkeit und Unbeständigkeit der Frau ist durchaus zutreffend. Ohne die Erfahrung der seelischen Bedeutung der Sexualität für die Vereinigung von Mann und Frau kann sie ihre Ruhe nicht finden. (Siehe *Eros*)

Schmied

Die Schmiede ist im Traum ein Ort der Wandlung und Verwandlung. Das kann im Traum eines Menschen unserer Zeit auch ein entsprechender Ort in einer Fabrik sein. Zu früherer Zeit war der Schmied ein Künstler, der im Feuer die Eigenschaft der Metalle verwandelte. Im Feuer wird das Eisen gereinigt und zum biegsamen Stahl gewandelt. Diese Bedeutung hat die Traumsprache beibehalten. (Siehe *Feuer*, siehe *Licht*)

Schmutz, (siehe *Kot*, siehe *Exkremente*)

Schnecke

Die Schnecke, die sich in ihr Haus zurückzieht, galt im Mittelalter als ein Symbol der *Jungfräulichkeit* und als ein Symbol der *Auferstehung*. Viele mittelalterliche Maler, so auch Dürer, malten Schnecken auf Marienbilder. Im Volksmund hat die Schnecke die Bedeutung des weiblichen Genitale. Andererseits ist auch die

Langsamkeit, mit der sich die Schnecke bewegt, sprichwörtlich geworden.
Diese Bedeutung der Langsamkeit, auch der Unentschlossenheit wie Überempfindlichkeit, hat die Schnecke im Traum erfahrungsgemäß an erster Stelle. Der Hinweis auf mangelnde Kontaktfähigkeit zur Umwelt ist so gegeben. Eine sexuelle Bedeutung hat die Schnecke im Traum in den seltensten Fällen.

Schnee (siehe *Eis*, siehe *Gletscher*)

Schuh

Der Schuh gehört zur Kleidung. Im Traum ist der Schuh als ein Symbol der Einstellung oder des *Standorts* eines Menschen gegenüber seiner Umwelt zu verstehen. Diese Bedeutung schreibt der Volksmund dem Schuh ebenfalls zu. Sie zeigt sich in der Vorstellung, daß eine Person ihre *Kinderschuhe ablegt.* Mit dem Herauswachsen aus den Kinderschuhen ist die Aufgabe der kindlichen Lebenseinstellung gemeint. Mit dem Zustand der Schuhe im Traum, ihrer Art und ihren Farben, sind weitere Hinweise gegeben. So kann im Traum die Kleidung des Träumers elegant und untadelig sein. Zu seiner Verblüffung sind seine Schuhe jedoch ungeputzt, abgetragen oder gar zerrissen. Mit seinen Schuhen verrät sich der Träumer. Das ist auch in der Lebenswirklichkeit der Fall. Die erfahrenen Portiers großer Hotels pflegen ihren Gästen als erstes auf die Schuhe zu sehen. Für sie ist das ein Persönlichkeitstest, um rasch einen unmittelbaren Eindruck zur Einschätzung ihres Gastes zu bekommen.
Der *Pantoffel* ist ein sprichwörtliches Symbol der weiblichen Herrschaft. Als *Pantoffelheld* gilt der Mann, der unter der Herrschaft seiner Ehefrau steht. Der Pantoffel hat hier auch eine sexuelle Nebenbedeutung. Meist ist ja eine sexuelle Hörigkeit gegeben, wenn ein Mann *unter dem Pantoffel steht.* Der Extremfall ist der des *Schuhfetischisten.* Für den Fetischisten hat der Schuh die Bedeutung eines Ersatzobjektes für das weibliche Genital. Für den *Masochisten* symbolisieren der Damenstiefel oder der Damenschuh mit dem spitzen Absatz die sexuell aggressive Frau, der sich als *Herrin* zu unterwerfen seinem masochistischen Hang entspricht. (Siehe *Fuß*)

Schule

Mit dem Bild der *Schule* im Traum, den *Schulaufgaben* und den Ängsten vor *Examen* verweist der Traum auf vergleichbare Situationen im Lernprozeß in der Schule des Lebens. Diesen Lernprozessen, zu denen die Lebensschule den Menschen zwingt, kann er sich bis zu seinem Lebensende nicht entziehen. Sehr vielen Menschen ist dieser Umstand jedoch nicht bewußt. Der Traum erinnert sie mit dem Bild der Schule daran. (Siehe *Lehrer*, siehe *Jugend*)

Schwarz

Schwarz ist, streng genommen, keine Farbe. Es besagt eher das Fehlen von Licht, oder *Nicht-Licht*. Physikalisch gesehen ist ein schwarzer Gegenstand ein Körper, der weder selbst Licht ausstrahlt noch Licht reflektiert. Etwa diese Bedeutung hat die Farbe Schwarz auch in den Träumen. Sie signalisiert einen seelischen *Stillstand*. Es kann sich dabei auch um einen teilweisen Bewußtseinsstillstand, eine Bewußtseinsstarre, handeln. Das Schwarz signalisiert in diesem Falle, daß der Informationsaustausch zwischen dem Unbewußten und dem Bewußtsein zum Stillstand gekommen ist.
Für uns gilt schwarz als die Farbe der *Trauer* und des *Todes*. Doch erst seit einiger Zeit. Im fernen Osten beispielsweise wie auch im alten Ägypten ist das *Weiß* die Todesfarbe. Während des gesamten Mittelalters bis zum Beginn der Neuzeit dachte man auch in Europa so. Danach wurde das *Grau* zur Farbe der Trauer. Das Grau ist eine Mischfarbe aus Schwarz und Weiß. In der kirchlichen Symbolsprache war mit dem Grau der Hinweis auf die Auferstehung nach dem körperlichen Tode gegeben. Das ist so zu erklären: Das körperliche Leben kommt mit dem Tode zum Stillstand = schwarz. Die Seele kehrt in das ewige Licht zurück = weiß. Ergo kann die Farbe der Trauer nur grau sein, die eine Mischung aus beidem enthält. Erst in den letzten Jahrhunderten seit der Aufklärung, als der Glaube an ein seelisches Weiterleben nach dem Tode zunehmend aufgegeben wurde, erhielt folgerichtigerweise das Schwarz die Bedeutung der Trauerfarbe. (Siehe *Farben*)

Schwein

In grauer Vorzeit gehörte das Schwein als Symbol zur Begleiterin der Großen Göttin, der Herrin der Tiere. Sie war auch die Herrin der natürlichen Geschlechtlichkeit des Menschen. Der volkstümliche Ausdruck *Schwein haben* für *Glück haben* weist noch darauf hin. Denn das Schwein steht hier als Symbol für die Potenz im Sinne einer schöpferischen Kraft. (Siehe *Tiere*)

Schwert

Das Schwert ist ein Kampfinstrument. Insofern deutet es auf *Aggressionstendenzen* hin. Doch es ist auch ein *Herrschaftssymbol.* Denken wir an den Begriff *Richtschwert.* C. G. Jung wies nach, daß das Schwert symbolisch als Sinnbild für die Unterscheidung psychischer Inhalte auftritt. Das Schwert ist so ein Instrument des Zerschneidens und Zertrennens. Nur der Traumzusammenhang kann ergeben, wie das Schwert als Symbol im Traum zu deuten ist. (Siehe *Messer*)

Schwester

Erscheint die Schwester im Traum einer Frau, so bedeutet sie die unbewußte *Schattenseite* der Träumerin. Im Traum des Mannes ist die Schwester ein *Animasymbol.* Sie verkörpert dann die weibliche Seite im Mann. Erscheint im Traum die Figur einer *Krankenschwester,* so erscheint sie als eine seelische Hilfsfunktion des Arztes. (Siehe *Arzt,* siehe *Krankenhaus*)

Sechs

In der Zahlensymbolik gilt die Zahl Sechs als die Zahl der weiblichen Liebe und der Häuslichkeit. Diese Bedeutung der Zahl Sechs ergibt sich aus der Multiplikation der Zahl zwei mit der Zahl drei. Für den Naturphilosophen *Pythagoras,* den Begründer der Zahlensymbolik, wie auch für die Zahlenmystik der *Kabbala* ist die Zwei die erste weibliche Zahl. Die Drei ist die erste männliche Zahl. Der Sinn der Ehe ist, daß die Frau durch den Mann befruchtet wird. Das wird als ein Multiplikationsvorgang angesehen. Daher ist die Multiplikation von *zwei mal drei gleich sechs* die Zahl der Ehe und der Familie. In den Träumen jüngerer Leute läßt sich *Sechs* vereinfacht durchaus mit *Sex* gleichsetzen.

Sexualität

Die Sexualität zählt neben dem Bedürfnis nach Nahrung, nach Schlaf wie nach aktiver Betätigung zu den ursprünglichsten und instinktivsten Bedürfnissen des Menschen. Die Sexualität selbst ist kein Symbol, sondern ein natürliches körperliches Anliegen. Doch die Bedeutung, die der Sexualität bei einzelnen Völkern und zu einzelnen Zeiten zugemessen wurde, und die Art und Weise der sexuellen Betätigung haben symbolische Bedeutung. Davon zeugen die Sexualsymbole im einzelnen. Führt man sie auf ihre ursprüngliche Wurzel zurück, so zeigt es sich, daß es fast immer zum Sinn der Sexualsymbole gehört, den Menschen darauf hinzuweisen, daß Sex mehr als nur eine animalische Triebkraft oder eine hormonale Funktion darstellt. Die Sexualsymbole informieren das Bewußtsein dahingehend, daß dem Sex nicht nur eine körperliche Funktion, sondern ebenso eine psychische Funktion innewohnt, nämlich die des Schöpferischen.

Sexuelle Handlungen im Traum müssen keineswegs auch eine sexuelle Bedeutung haben. Gewiß, einem jungen Mann beispielsweise, der als Soldat oder als Matrose auf Seefahrt zu wochenlanger Enthaltsamkeit gezwungen ist, werden sicher nackte Körper oder sexuelle Szenen im Traum erscheinen. Hierbei handelt es sich schlicht um ein Zeichen, daß der Körper die ungewohnte Enthaltsamkeit als unbefriedigend signalisiert. Doch in der Regel deutet eine sexuelle Vereinigung im Traum keineswegs auf eine sexuelle Wunscherfüllung hin. Was der Traum mit derartigen Bildern andeutet, ist der Hinweis auf eine innigere, intensivere oder vollständigere Beziehung zu einer anderen Person, die im bewußten Leben vernachlässigt wurde. Das gilt besonders für Inzestträume, also für die sexuelle Vereinigung mit Eltern oder Kindern im Traum.

Die meisten Sexualträume entspringen nicht einem unbefriedigten Sexualleben, sondern signalisieren eine falsche Einstellung zur Sexualität als solcher. Das Problem jedoch liegt tiefer. Es ist die falsche Einstellung zum Partner, eine vielleicht zu geringe seelische Beziehung zu ihm, auf die der Traum aufmerksam machen will. Die Erfahrung hat gezeigt, daß mit der sexuellen Vereinigung im Traum nicht der sexuelle Akt gemeint ist, sondern die psychische Kontaktaufnahme. Besonders bei Sexualträumen sind die allgemeinen Lebensumstände des Träumers bei der Deutung zu berücksichtigen.

Sieben

Im Altertum war die *Sieben* eine heilige Zahl. Sie war die Symbolzahl für den Kosmos. Denn die den Kosmos beherrschenden Mächte waren die damals bekannten fünf Planeten Merkur, Venus, Mars, Jupiter, Saturn und die Sonne und der Mond. Die übrigen Sterne, die *Fixsterne,* gehörten nicht dazu. Sie wurden als eine Art Positionslampen angesehen, die nächtlich den Weg der Planeten markierten.

Die Sieben ist eine *dynamische Zahl.* Die Woche hat sieben Tage, der Regenbogen hat sieben Farben, der Mondwechsel findet im Turnus von achtundzwanzig, gleich vier mal sieben, Tagen statt. Die Esoterik erklärt die Bedeutung der Sieben durch ihre Zusammensetzung von *Vier,* dem Symbol der Ganzheit, und *Drei,* dem Symbol der schöpferischen Geisteskraft.

Erfahrungsgemäß ist die Siebenzahl im Traum der Hinweis für eine psychische Dynamik im Sinne eines rhythmischen Geschehens. (Siehe *Zahlen*)

Silber

Das *Silber* und das *Gold* sind die klassischen Edelmetalle. Sie wurden früher als Geschenke der Sternengötter angesehen. Das Silber ist die Farbe des Mondes. Er hat eine *weibliche Symbolbedeutung* als Schwester der Sonne oder des Goldes. In der christlichen Vorstellung hat Silber die Bedeutung eines Symbols der Reinheit. Das Silber ebenso wie der Mond gehören zur Jungfrau Maria.

Im Traum sind Silber, auch silberne Münzen, als Hinweis für positive weibliche Werte zu verstehen. (Siehe *Geld*)

Skarabäus

Der Skarabäus, eine Art ägyptischer Mistkäfer, fällt durch das leuchtende Grün-Gold seiner Flügel auf. Im alten Ägypten war er das *Symbol der Sonne.* Er war als solches ein *Unsterblichkeitssymbol* wie ein Symbol schöpferischer Kraft. Ein Goldkäfer im Traum ist positiv zu deuten. (Siehe *Insekten,* siehe *Sonne*)

Smaragd

Der Smaragd gehört zu den kostbarsten Edelsteinen neben den Diamanten und neben dem Rubin. In der christlichen Symbolvorstellung ist der Smaragd ein Sinnbild des Evangelisten Johannes.

Im Traum deutet der Smaragd auf einen Bereich größter psychischer Werte hin. Er signalisiert häufig einen *geistigen Fortschritt*, wie er sich aus seiner grünen Farbe ergibt. (Siehe *Diamant*, siehe *Farben*)

Sommer

Die Zeit des Sommers im Traum ist ein Hinweis für die Reifezeit, wie die Zeit der Lebensmitte. (Siehe *Mittag*)

Sonne

Im Traum erscheint die Sonne als Sinnbild der schöpferischen Zeugungskraft des Männlichen. Zu vorchristlicher Zeit war die Sonne die oberste Himmelsgottheit. Das ist sehr leicht verständlich.

Die Sonne ist der Garant für die Lebensmöglichkeit auf unserer Erde. Sonnenstrahlen sind das befruchtende Element für die pflanzliche Vegetation. Sie galten in früherer Vorstellung als der Same des Sonnengottes, der die Erdmutter als Ernährerin der Menschheit befruchtet.

Die Sonne im Traum ist ein äußerst *positives Symbol*. Die Bedeutung kann vielfältig sein, doch stets deutet die Sonne als Symbol auf eine produktive schöpferische Energie hin, die geistige, künstlerische oder Bewußtseinsprozesse in Gang bringt. (Siehe *Licht*)

Speichel

In der mythologischen Vorstellung gehört der Speichel, wie übrigens alle Körpersekrete wie Schweiß, Urin und auch Kot, zu den *magischen* Substanzen. Bei primitiven Völkern wie teilweise auch in den Märchen wird der Speichel in eine Analogie zum männlichen Sperma gesetzt und erhält so die Symbolbedeutung des Schöpferischen. Die magische Bedeutung des Speichels erklärt das heute noch unter Schauspielern übliche dreimalige *Anspucken* einer Person. Allerdings wird dieses Anspucken nur noch angedeutet. Es ist das bekannte *Toi, Toi, Toi.* Ebenso hat der Speichel auch die Bedeutung eines Abwehrzaubers. Dieser zeigt sich im *Ausspucken* vor einer Person. Zu früherer Zeit glaubte man, daß es der Speichel ist, der die Verdauung der Speisen im Magen bewirkt. Mit dem Ausspucken als Abwehrzauber ist diese zerstörerische Wirkung des Speichels gemeint. Wie alle magischen Substanzen enthält der Speichel so eine positive wie eine negative Wirkung. Entsprechend ist bei der Traumdeutung die zusätzliche Symbolik zu berücksichtigen. (Siehe *Kot*)

Spiegel

Das Bild des Spiegels im Traum ist ein *Achtungssignal.* Seine Wirkungsweise als Traumsymbol unterscheidet sich nicht sonderlich von der im realen Leben. Doch darf nicht vergessen werden, daß der Spiegel in allen Märchen eine *magische* Wirkung ausübt. Diese Wirkung kommt auch dem Spiegel im Traum zu. Es ist ein *Seelenspiegel.* Er zeigt dem Träumer sein wahres Gesicht. Doch da sich diese Spiegelung im Traum, das heißt im Unbewußten abspielt, sieht der Träumer gewissermaßen unbewußte Seiten seiner Persönlichkeit. Das kann erschreckend sein. Doch ebenso kann es notwendig sein. In jedem Fall sind Spiegelträume zu beachten.

Spinne

Spinnen im Traum sind ein ernstes *Gefahrensignal.* Diese Bedeutung ergibt sich aus dem Bild der Spinne, die heimtückisch in ihrem Netz ihre Opfer fängt. Der Volksmund bringt die Tätigkeit des Netzspinnens mit dem Spinnen von Intrigen zusammen. Gemeint sind damit weibliche Intrigen, um einen Mann einzufangen. Die kalte berechnende Natur im Wesen mancher Frauen ist damit gemeint. Ein krasses Beispiel ist die *Gottesanbeterin.* Dieses Insekt, dessen lateinischer Name *mantis religiosa* lautet und deren kurze vorderen Raubarme an ein Paar zum Gebet erhobene Hände erinnern, tötet das Männchen nach dem Liebesakt, indem es ihm den Kopf abbeißt. Die Gottesanbeterin ist in Südamerika heimisch, aber sie kommt stellenweise auch in Südeuropa vor.

Sie ist jedoch keine Spinne, sondern eine Fangheuschrecke. Sie wurde jedoch früher für eine Spinne gehalten, womit der verschlingende tödliche Aspekt der Spinne als Symbol unterstrichen wird.
Im Mittelalter galt die Spinne als Symbol des Triebhaft-Bösen. Lediglich in der mittelalterlichen Alchimie hatte die Spinne teilweise auch eine positive Bedeutung. Diese bezog sich jedoch auf das Netz der Spinne, das mit dem *Labyrinth* verglichen wurde. Das Labyrinth ist ein *Symbol der Mitte,* eine Art seelisches Zentrum, in dem die Auseinandersetzung des Menschen mit seiner Unbewußtheit oder seiner ihm unbewußten Triebnatur stattfindet. Entscheidend für den Erfolg einer Bewußtwerdung ist es, ob der Mensch diesen Kampf mit sich selbst besteht.
In den Träumen heutiger Menschen erscheint die Spinne aber nach unserer Erfahrung fast immer als ein *Gefahrsignal höchster Stufe.* Der Beginn schwerer psychischer Störungen, von der Neurose bis zur Psychose, werden so oft vom Traum signalisiert. (Siehe *Insekten,* siehe *Labyrinth*)

Spirale

Das Bild der Spirale im Traum ist ein sehr *positives Symbol.* Es ist das Bild einer geistigen Zentrierung, die einen Fortschritt bewirkt. Die Spirale hat als Symbol einen Doppelaspekt. Sie ist einmal ein *Ordnungssymbol* wie der Kreis. Doch im Gegensatz zum Kreis, oder besser der kreisförmigen Bewegung, die vom Ausgangspunkt immer wieder in sich zurückkehrt, erfolgt bei der Spirale die Rückkehr zum Ausgangsort auf einer neuen Stufe. Die Bewegung der Spirale kann aufwärts oder abwärts gerichtet sein. In jedem Falle aber wird nach einer Spiralbewegung eine neue Ebene oder Dimension erreicht.
Die traumwissenschaftliche Erfahrung lehrt, daß das Symbol der Spirale im Traum oft ein Hinweis dafür ist, daß ein seelischer Stillstand behoben wird oder ein steckengebliebener schöpferischer Prozeß wieder in Gang kommt.

Stadt

Mit dem Bild der Stadt oder der Heimatstadt als Traumort verweist der Traum gewissermaßen auf den seelischen Wohnbereich des Träumers, jedoch in einem erweiterten Sinne. Es ist der Bereich des Psychischen, wie er durch die Auseinandersetzung und Beziehung zur Umwelt geprägt wird. In der Symbolsprache früherer Zeiten hat die Stadt in der Regel weiblichen Charakter. In den Träumen kann die Stadt so auch als eine *Mutterfigur* erscheinen, jedoch in dem Sinne einer *archetypischen Kollektiv-Mutter.* (Siehe *Hauptstadt*)

Stein (siehe *Diamant*)

Stier

Der Stier ist das Sinnbild der aktiven männlichen *Kraft und Potenz.* Im alten Ägypten und auf Kreta galt der Stier als heilig. Er war dort das Symbol des Sonnengottes. Eine ähnliche Symbolbedeutung kommt in den USA dem *Büffel* zu. Nach den mythologischen Erzählungen verkörpert der Stier die geballte männliche Energie schlechthin. Soweit diese Energie in der Sexualiät zum Ausdruck kommt, bedarf sie jedoch der Beherrschung durch den männlichen Geist. Auf Kreta war es üblich, daß bei kultischen Festen nackte Jünglinge den Stier bei den Hörnern packten und sich kopfüber auf seinen Rücken schwangen, um auf dem Stier zu reiten. Der Symbolsinn dieses kultischen Spieles ist eindeutig. In Südfrankreich und Spanien haben sich diese kultischen Spiele als *Stierkämpfe* bis auf den heutigen Tag erhalten. Sie sind eine Fortsetzung des archaischen Stierkults. Ungünstig ist das Bild des Stieres im Traum nicht, sofern es der Träumer als einen Hinweis versteht, eine entsprechende psychische Energie zu zähmen.

Straße, Weg

Die *Straße* oder der *Weg* im Traum können die vielfachsten Formen annehmen. Allgemein gesehen sind sie der symbolische Ausdruck für den *Lebensweg* des Träumers. Im engeren Sinne können die Straße und der Weg auch den Verlauf psychischer Energie in Bezug auf bestimmte Konfliktsituationen andeuten. *Kreuzwege* im Traum sind Symbole für eine notwendige Entscheidung. Das gilt auch für das Bild einer *Wegegabelung.* Die Art, der Zustand und die Richtung von Straßen und Wegen im Traum sind Hinweise für die augenblickliche Situation, in der sich der Träumer befindet. Es handelt sich in der Regel dabei um die Einleitung des

Traumes zur weiteren Traumhandlung. Die Deutung dessen, was sich auf den Straßen, Wegen oder Wegegabelungen abspielt, ergibt dann den Sinn des Traumes.

Stufe (siehe *Leiter*, siehe *Treppe*)

Sumpf

Eine Sumpflandschaft im Traum ist doppeldeutig. Im Sumpf und Morast entwickelt sich eine überaus üppige Vegetation. Doch der Weg durch den Sumpf ist für den unerfahrenen Wanderer äußerst gefährlich. Die Gefahr, im Sumpf zu versinken, ist stets gegeben. Mit dem Bild des Sumpfes beschreibt der Traum häufig eine allzu üppig wuchernde Fantasie. Bei jüngeren Personen ist das auch als Hinweis auf sexuelle Fantasie zu verstehen. Nicht umsonst ist in den Märchen und Sagen der Sumpf der Ort, wo weibliche Dämonen, Irrlichter und Hexen hausen. Nicht jeder hat die Kraft wie der bekannte Lügenbaron *Münchhausen,* sich aus eigener Kraft am Zopf aus dem Sumpf zu ziehen. So ist es ratsam, *das Bild des Sumpfes* als ein *Warnsignal* zu deuten.

Supermann (siehe *Übermensch*)

T

Tanz

Der Tanz ist im Traum ein Symbol von besonderer Bedeutung. Der Tanz gehört zu den frühesten Ausdrucksweisen des Menschen und ist vermutlich älter als die Sprache. In grauer Vorzeit handelte es sich beim Tanz um eine Art *Körpersprache.* Nachweislich war der Tanz bereits in der Steinzeit das Informationsmedium für magische, rituelle Vorgänge. Der Tanz ist ein Ausdrucksmittel der natürlichen Ergriffenheit des Menschen. Der Tanz kann Rausch- und Trancezustände hervorrufen. Vor einer Jagd auf Bison, Büffel oder Mammut wurde in der Steinzeit unter Führung des Schamanen die Jagd zuvor getanzt. Bei primitiven Stämmen hat sich diese Sitte bis zu Beginn unseres Jahr-

hunderts erhalten. Modern gesehen handelt es sich bei den rituellen Tänzen der Primitiven um den gleichen Vorgang wie bei einem Durchspielen einer Modellsituation mit Hilfe von Computern. Die elektronische Energie, die der Computer benötigt, beziehen die Primitiven vergleichsweise aus der psychisch-emotionalen Energie, die rhythmische Musik bewirkt. Die Primitiven, deren Bewußtsein einerseits noch unentwickelt ist, denen aber andererseits die reflexhafte Instinktsteuerung des Tieres bereits fehlt, bedürfen gewissermaßen einer psychischen Aufladung, um eine Jagd oder auch einen Kriegszug gegen Nachbarstämme in der Wirklichkeit zu realisieren.
Selbstverständlich werden bei den Primitiven auch andere bedeutsame Ereignisse, wie beispielsweise die Einweihung der jungen Männer und Mädchen in den Zustand des Erwachsenseins zur Zeit der Geschlechtsreife, rituell getanzt. Diese Bedeutung eines erotischen Informations- und Kommunikationsmediums hat der Tanz heute noch bei uns. Die Körpersprache der modernen Tänze unserer Zeit erinnert in der betont sexuellen Gestik durchaus an die rituellen Tänze der Primitiven. Die Wirkung, das heißt die operative Wirkung des Symbols ist die gleiche. Es ist die psychische Aufladung der Mitglieder einer Gruppe durch die emotionale Erregung im Kollektiv.
Die gleiche Bedeutung hat der Tanz als Traumgeschehen. Er ist ein Hinweis, daß psychische Energie in Bewegung geraten ist und bestimmte psychische Inhalte gewissermaßen eine Aufladung erfahren. Die Gesten und Mimik beim Tanz, kurzum die Körpersprache, enthalten die weiteren Hinweise zur Deutung.

Taube

Die Taube hat zu unserer Zeit die Bedeutung eines Friedenszeichens. Das geht aus dem Wort *Friedenstaube* hervor. Bedauerlicherweise ist ihre Symbolwirkung damit verlorengegangen. Wir meinen die *magische* Wirkung, wie es früher hieß, oder die *operative* Wirkung, wie die moderne Definition der Kybernetik lautet. Es kommt auf dasselbe heraus. Das echte Symbol wirkt unbewußt. Die Taube ist ein eindrucksvolles Beispiel dafür, daß ein ursprüngliches Symbol auf die Stufe des reinen Bildzeichens herabsinkt, wenn ihm bewußt ein Sinn unterschoben wird. Im alten Testament der Bibel ist die Taube mit dem Ölzweig noch ein echtes Symbol. Sie ist dort kein Friedens-, sondern eher ein

Glückssymbol oder ein *Wiedererneuerungssymbol*. Mit dem Ölzweig übermittelt die Taube *Noah* die Nachricht, daß die Gefahr der Sintflut vorüber ist. Für Noah ist diese Nachricht der Impuls, die Arche zu verlassen und mit dem Wiederaufbau der Kultur zu beginnen.

Das christliche Mittelalter sah diesen Vorgang richtiger. Die Taube wurde zum *Symbol des Heiligen Geistes*. In der Mythologie der Antike gehörte die Taube zur Liebesgöttin *Aphrodite* (Venus). Doch mit der Nebenbedeutung der Reinheit und der unschuldigen Liebe. Besser gesagt, der geistigen Verbundenheit. Dort hat die Taube den Charakter eines Friedenssymbols. Allerdings mehr im persönlichen Sinne und nicht als ein kollektives Friedenssymbol. Im Traum weist die Taube auf schöpferische Gedanken hin, die aus geistiger Verbundenheit entstehen. (Siehe *Adler*, siehe *Vogel*)

Taufe (Bad)

Die Taufe ist das Symbol einer *seelischen Reinigung*. Dieser Gedanke findet sich in der Mythologie fast aller Völker. Die Taufe ist jedoch noch mehr. Es ist der rituelle Vorgang der Einweihung in ein Mysterium damit verbunden.

In den Träumen signalisiert das Bild der Taufe, daß die Befreiung von hinderlichen, alten Fehleinstellungen notwendig geworden ist. Das Wasser im Taufbecken oder in einem Bad ist das *Lebenswasser*. Das Geheimnis, das durch das Ritual der Taufe angedeutet wird, ist das Geheimnis einer seelischen Wandlung. Durch die Befreiung von veralteten Einstellungen ist dem Bewußtsein eine Neuorientierung möglich. (Siehe *Bad*)

Teufel

Der Teufel taucht eigenartigerweise noch immer in den Träumen auf, obwohl in Wirklichkeit niemand mehr an ihn glaubt. Im Traum erscheint er, wenn der Träumer religiöse Probleme aus dem Bewußtsein verdrängt hat, ohne sich ernsthaft damit auseinanderzusetzen. Doch die Auseinandersetzung mit der Frage nach dem Sinn des Lebens ist für die Stabilität des psychischen Gleichgewichts eine Notwendigkeit. (Siehe *Luzifer*)

Tier

Tiere im Traum sind als Symbole der *Trieb- und Instinktnatur* des Menschen zu verstehen. Sie versinnbildlichen gewissermaßen die Naturseite des Menschen. Diese Bedeutung haben die Tiergottheiten in den früheren Religionen. Doch auch im Christentum ist die Tiersymbolik noch vorhanden. *Adler, Stier* und *Löwe* beispielsweise sind Symbole der Evangelisten. Lediglich der Evangelist Matthäus wird als Mensch dargestellt oder als Engel, weil das Evangelium bei ihm mit dem Geschlechtsregister Christi anfängt. In den Vorstellungen der Primitiven verkörpern bestimmte Tiere die Ahnengeister. Diese magische Verbundenheit zwischen Mensch und Tier entstand durch die ursprüngliche Vorstellung von der Ganzheit der Natur. Der Brauch, menschliche Eigenschaften symbolisch durch bestimmte Tiere darzustellen, ist heute noch üblich.

Bei der Deutung von Tieren als Traumsymbolen ist selbstverständlich stets zu beachten, um welches Tier es sich im einzelnen handelt und welcher Art die Handlungsweise des Tieres im Traum ist.

Tiger

Der Tiger als Traumtier bedeutet *Gefahr*. Mit dem Tiger signalisiert der Traum einen selbständig gewordenen Trieb, der bereit ist, den Menschen zu zerreißen. Ein günstiges Bild wäre es, wenn es dem Träumer gelingt, den Tiger im Traum zu zähmen. Doch hat die psychotherapeutische Erfahrung gelehrt, daß der Tiger als Symbol u. U. auf eine latente Psychose hinweist. Bei der Deutung ist es besser, ein derartiges Symbol als *Rotlicht* anzusehen, als es günstig zu deuten. (Siehe *Tier*)

Toilette (Abort)

Die Toilette, häufig noch der altertümliche Holzabort in ländlicher Gegend, hat als Ort im Traum auch bei jugendlichen Personen nur in den seltensten Fällen etwas mit sexuellen Problemen zu tun. Derartige Träume haben eine durchaus *positive Bedeutung*. Der Traum weist mit diesen Bildern auf den auch im Bereich des Psychischen natürlichen Vorgang einer Entlastung von unverdaulichen Resten seelisch bereits verarbeiteter Probleme hin.

Tod
Für die Psyche ist der Tod ein *Wandlungsvorgang*. An die Stelle dessen, was im Traum stirbt, tritt häufig etwas Neues. Doch zeigt die weitere Traumhandlung in der Regel, daß eine seelische Erneuerung Opfer fordert. (Siehe *Begräbnis*, siehe *Leiche*)

Topf
In der Frühzeit der Psychoanalyse wurde der Topf meist als ein weibliches *Sexualsymbol* gedeutet. In der Mythologie der primitiven Völker symbolisiert der Topf den mütterlichen Uterus. So hat in Südindien, auf Borneo wie auch in Peru der Topf die Bedeutung der Mutter-Gottheit. In den Märchen ist der Topf meist das Gefäß, in dem Hexen ihre Zaubertränke brauen.
Im Traum deutet der Topf in der Regel auf einen unbewußten Inhalt hin. (Siehe *Brunnen*)

Traube (Weintraube)
Die Traube war ursprünglich ein religiöses Symbol, das zum *Dionysos-Mythos* gehört. Hinter *Dionysos* verbirgt sich das Symbolbild des geopferten Gottes. Im griechischen Dionysos-Kult wurde der Gott in der Gestalt eines Böckleins zerrissen und so geopfert. Ebenso aber wird Dionysos auch in der Gestalt der Weintraube zertreten und zerquetscht. Der Gärungsprozeß wird als ein Wandlungsprozeß verstanden. Im Frühjahr ist der Wein ausgereift und genußfertig. Der Rausch, den der Wein vermittelt, wurde in eine Beziehung zu dem sexuellen Rauscherlebnis bei der geschlechtlichen Vereinigung gesetzt. Die tiefe Symbolbedeutung des Weines ist die der Verwandlung der Traube in den Trank. Und diese Verwandlung wurde in Vorzeiten in eine Analogie zu der Verwandlung der Natur vom Herbst über den Winter zum Frühjahr, wo alles neu entsteht, gesetzt.
In der christlichen Symbolvorstellung des Mittelalters wurde die Weintraube dann zu einem Symbol des Opfertodes Christi. Das Bild der Traube im Traum ist ein *Wandlungssymbol* von positiver Bedeutung.

Treppe

Das Bild der Treppe im Traum hat die Bedeutung eines *verbindenden Symbols.* Die Treppe verbindet die verschiedenen Bereiche der Persönlichkeit. Die Treppe ist für den Traum ein Ort, um aufsteigende wie absteigende Tendenzen für bestimmte Lebenssituationen des Träumers zum Ausdruck zu bringen. Der Aufstieg auf einer Treppe hat meist die Symbolbedeutung des Aufstiegs zu einer neuen und höheren Bewußtseinsstufe. (Siehe *Leiter*)

Tür (Tor)

Tür und Tor sind Bilder des *Zuganges.* Sie können offen oder verschlossen sein und zeigen so dem Träumer seine Situation mit Bezug auf den Zugang zu einem bestimmten Problem. Oft fehlt sogar die Tür im Traum. Das besagt, daß der Träumer so lange ein Problem von allen Seiten betrachten soll, bis er den verborgenen Zugang findet.

U

Übermensch (Supermann)

Zu früheren Zeiten waren es der *Held* der Sagen und Märchen oder der *Magier,* die übermenschliche Leistungen vollbrachten. In den modernen Märchen unserer Zeit, in den Filmen wie in den Comicstrips, ist es die Figur des *Supermannes.* Auch in den Träumen tauchen häufig Personen auf, die Unmögliches vollbringen und über übermenschliche Kräfte zu verfügen scheinen. So unterhaltsam das Bild des Übermannes und seine Unbesiegbarkeit im Film oder im Fernsehspiel auch sind, im Traum ist seine Bedeutung weniger günstig. Nur in seltenen Fällen gibt der Traum dem Träumer so den Hinweis, in einer ausweglos erscheinenden Situation nicht zu verzweifeln. In der Regel signalisiert der Traum so höchst gefährliche Größenwahnvorstellungen. Es kann auch allgemein eine Überbewertung der Intelligenz und Vernunft damit gemeint sein, eine Haltung, die in der Tiefenpsychologie als *Bewußtseinsinflation* bezeichnet wird.

Überschwemmung

Mit dem Bild der Überschwemmung signalisiert der Traum *rotes Licht*. Gemeint ist die Überschwemmung des Bewußtseins durch Inhalte des Unbewußten. Es kann sich dabei um überwältigende Gefühlsregungen handeln wie um wirklichkeitsfremde Fantasien. Aussprache bei einem Psychotherapeuten oder einer lebenserfahrenen Vertrauensperson ist angeraten. (Siehe *Meer*)

Ufo

Die *Ufos* und *Weltraumschiffe* von fernen Sternen, deren Erscheinen immer wieder von Zeit zu Zeit in der Presse diskutiert wird, kommen selbstverständlich auch in den Träumen vor. C. G. *Jung* hat ihnen Ende der fünfziger Jahre eine eigene Untersuchung gewidmet. Er sah in den Ufos Ganzheitssymbole. Berichte darüber erklärte er als kollektivpsychische Projektionen, Versuche der Kollektiv-Psyche, die seelische Gespaltenheit unserer Zeit zu überwinden. Inzwischen ist der Aufbruch in den Kosmos eine Realität geworden. Die Möglichkeit der Existenz von außerirdischen Intelligenzen wird auch von der Wissenschaft kaum noch bestritten.

Erscheinen *Ufos* im Traum, so können sie auf *Vorahnungen* hindeuten, auf intuitive, schöpferische Gedanken, die dem Träumer gewissermaßen von außen zufliegen. *Fahrten in Ufos* oder Weltraumschiffen, in denen der Träumer die Erde verläßt, sind dagegen als *Warnsignale* zu verstehen. Wenn der Träumer nicht zufällig Astronaut ist, so bedeuten derartige Bilder eine bedrohliche Entfernung von der Lebenswirklichkeit. Es kann sich dabei um verstiegene gedankliche Konstruktionen handeln, auf die der Traum aufmerksam machen will. Es kann sich ebenso um eine Aufblähung des Ich-Bewußtseins handeln, wodurch der lebensnotwendige Kontakt mit dem Unbewußten abreißt. (Siehe *Rakete*)

Uniform

Die Uniform ist eine Berufskleidung. Sie kennzeichnet für die Öffentlichkeit die berufliche Funktion des Trägers. Eine ähnliche Bedeutung haben auch Uniformen im Traum. Sie weisen auf entsprechende Eigenschaften oder Fähigkeiten hin. Trägt der Träumer selbst eine Uniform im Traum, obwohl das im Alltag nicht der

Fall ist oder die nicht zu ihm gehört, so ist sie ein *Persona*-Symbol. Sie ist ein Hinweis des Träumers, wie der Träumer von seinen Mitmenschen gesehen wird oder wie er sich seiner Umwelt gegenüber verhält. (Siehe *Kleider*)

Urin

Bei allen primitiven Völkern hat der Urin die Bedeutung einer *magischen* Substanz, die von den Medizinmännern sogar als Heilmittel verwendet wird. Urinieren im Traum kann u. a. auch eine sexuelle Bedeutung haben. In der Regel jedoch verbirgt sich dahinter eine *Fruchtbarkeitssymbolik.* (Siehe *Speichel*)

V

Vampir (Fledermaus)

Fledermäuse oder *Vampire* im Traum haben die Bedeutung dunkler, bedrohlicher gedanklicher Inhalte.
Der Glaube an Vampire war bis in das achtzehnte Jahrhundert hinein in Rußland, Schlesien, Mähren und Ungarn weit verbreitet. Vampire sind *Untote,* das heißt Personen, die nur scheinbar tot sind und nachts ihr Grab verlassen, um sich von dem Blut ihrer Opfer zu nähren. Der Glaube an Vampire gründet sich auf die urtümliche Vorstellung von unerlösten Seelen, die nach dem Tode ihre Ruhe nicht finden können. Das ist der Fall, wenn der Mensch seine ihm zugedachte Lebensaufgabe nicht erfüllen konnte und unvorbereitet von einem plötzlichen Tod überrascht wurde. Der tiefste Ursprung des Vampirismus kann jedoch in der indischen Wiedergeburtslehre gesehen werden, die wie viele andere nichtchristlichen mythologischen Vorstellungsmuster während des Mittelalters verteufelt wurden.
Im Traum sind Fledermäuse und Vampire als in das Unbewußte verdrängte und unerledigte seelische Inhalte anzusehen, die — weil sich der Träumer ihrer völlig unbewußt ist — vom Unbewußten her die Bewußtseinsklarheit beeinträchtigen. (Siehe *Vögel*)

Vater

Der persönliche Vater erscheint im Traum Erwachsener häufig als hilfreiche Figur. Er erinnert an vergessene väterliche Lehren und verkörpert die durch den Vater geprägte Persönlichkeitsseite des Träumers. In der Regel ist der Vater ein Symbol für *traditionelle Ordnung* und lebensnotwendige *natürliche Autorität*. Besonders häufig taucht der Vater in den Träumen jüngerer Personen auf. Hier wird er zum Gegenspieler des Träumers. Der Traum rollt hiermit den sogenannten Generationskonflikt auf. Doch die Auseinandersetzung des jungen Menschen mit den von dem Vater geprägten *Leitlinien* ist erforderlich, um eine eigene, selbständige Persönlichkeit auszubilden. Verblüffenderweise zeigt sich der Vater im Traum dann meist völlig anders, als ihn der Träumer kennt. Der Traum will damit dem Träumer helfen, das kindliche *Vaterbild* zu überwinden und den Vater als Menschen zu sehen, der er in der Lebenswirklichkeit tatsächlich ist.
Die Vaterproblematik jedoch, und damit auch die Erscheinungsweisen des Vaters im Traum, sind so vielfältig, daß nur der gesamte Zusammenhang eine sinnvolle Deutung ermöglicht.

Verfolgungsträume

Verfolgungsträume in den mannigfachsten Variationen sind überaus häufig. Diese Traumbilder sind jedoch so zu verstehen, daß der Träumer das, was ihn verfolgt, annehmen soll. Es sind unbewußte Inhalte, die in das Bewußtsein drängen.

Vier, Viereck

Die *Vier* im Traum oder das *Viereck* sind ein *Ganzheitssymbol*. Die Vier ist die Basis für die menschliche Naturordnung. Vier Himmelsrichtungen, vier Elemente, vier Jahreszeiten usw. zeigen stets die Vollständigkeit an. (Siehe *Zahlen*)

Vogel

Zu vorgeschichtlicher Zeit, wie jetzt noch im Kult des Schamanismus nachzuweisen ist, hatte der Vogel die Bedeutung eines *Seelensymbols*. Der Lebensbereich des Vogels ist die Luft, die Welt des Geistigen und für den Menschen bis zum 20. Jahrhundert ein Bereich des Unerreichbaren. Im Alten Testament der Bibel wurden

die Engel mit Flügeln ausgestattet vorgestellt. Auch bei anderen Völkern war der Vogel so ein Informationsträger zwischen Himmel und Erde, zwischen den beiden Polen des Göttlichen oder des Weltgeistes und dem Menschen. In der griechischen Mythologie gehörte der Vogel zu *Eros,* der ja ein Gott war. Daher stammt noch die erotische Nebenbedeutung des Vogels im Volksmund. Die vulgäre Nebenbedeutung des Vogels kam erst zu späterer Zeit auf, als das Symbolverständnis verlorenging. Die Psychoanalyse, so S. *Freud* und *Stekel,* haben von dieser volkstümlichen Wortbedeutung her auf die Bedeutung des Vogels als eines Sexualsymbols geschlossen. Sie entsprach der Freudschen Theorie vom ›Lustprinzip als Lebenszweck‹, die sich jedoch inzwischen als ein psychologischer Irrtum herausgestellt hat.
Vögel im Traum symbolisieren *geistige Inhalte.* Nähere Deutungshinweise ergeben sich aus der Gattung des Vogels und den Einfällen des Träumers.

W

Wagen (siehe *Auto*)

Wald

Der Wald im Traum bedeutet den Bereich des *Unbewußten.* Erfahrungsgemäß handelt es sich jedoch bei der Traumhandlung, die sich in einem Wald abspielt, um archetypische Muster des *kollektiven Unbewußten.* Das sind häufig Verhaltensmuster, wie wir sie aus den Märchen und Sagen kennen. Denn die Märchen, Sagen und Mythen sind gewissermaßen die Träume der Völker.

Wasser

Das Wasser ist die Voraussetzung für jegliches Leben auf unserer Erde. Im Traum ist Wasser ein Symbol für *psychische Energie.* Es ist das *Lebenswasser* damit gemeint. In den Mythologien fast aller Völker wie auch nach der Vorstellung der heutigen Evolutionstheorie hatte das Leben seinen Ursprung im Wasser. So enthält Wasser als Symbol auch einen weiblich-mütterlichen Aspekt.

Wein (siehe *Traube*)

Wespe (siehe *Insekt*)

Wiese

Erscheint das Bild einer Wiese im Traum, so ist es ein recht positiver Hinweis für das weitere Traumgeschehen. Wie im Leben, so auch im Traum, zeigt die grünende Wiese an, daß der Winter und damit der Stillstand vorbei ist. Die Wiese symbolisiert so *neues Wachstum, fruchtbares Geschehen.*

Wirt, Wirtshaus

Träume, die sich im Wirtshaus abspielen und in denen der Wirt oder die Wirtin eine Rolle spielen, sind überaus häufig. Vergleichbar der Bedeutung der *Küche* als Traumsymbol ist auch das Wirtshaus ein Bereich der Umwandlung psychischer Energie oder modern, der unbewußten Informationsverwertung. Nur ist das Wirtshaus ein Ort des kollektiven Geschehens. Der Träumer, der auf seiner Lebensreise bildlich gesprochen im Wirtshaus einkehrt, begegnet im Wirt einem Fremden. In den meisten Märchen ist das Wirtshaus ein unheimlicher Ort, in dem ungewöhnliche Abenteuer dem Reisenden begegnen. So ist auch das Wirtshaus im Traum oft ein Hinweis auf unerwartete Überraschungen, bei denen die Figur des Wirts die Rolle des unbewußten Manipulators spielt. (Siehe *Hotel*)

Wolke

Die Symbolbedeutung der Wolke ergibt sich aus ihrer Eigenschaft als Trägerin des *Regens*. Der Regen hat noch immer die Bedeutung des befruchtenden Elements für die Saaten der Felder, mag diese auch dem Großstadtbewohner abhanden gekommen sein. (Siehe *Regen*)

Wüste

Zeigt die Traumlandschaft das Bild einer Wüste, so ist das als ein *Gefahrensignal* zu verstehen. Die Vereinsamung des modernen

Menschen in der Massengesellschaft unserer Zeit drückt der Traum mit diesem Bild symbolisch aus. Auf dem Boden der Wüste können keine seelischen Beziehungen gedeihen. Die Traumhandlung in solchen Fällen ist stets sorgsam zu bedenken.

Z

Zahlen

Die *Zahlensymbolik* beschäftigt die Menschheit seit Urzeiten. Die bedeutendsten Naturwissenschaftler unserer Zeit interessieren sich ebenso dafür. Es ist ein weitgehend noch unerforschtes Gebiet, das auf überraschende Zusammenhänge zwischen physikalischen und psychischen Erscheinungen schließen läßt. Die Wurzeln der Zahlensymbolik gehen auf *Pythagoras* und seine Entdeckung der musikalischen Schwingungsintervalle zurück. Pythagoras entdeckte, daß die Tonhöhe von der Länge der Saite abhängig ist und sich durch das Verhältnis von Zahlen ausdrücken läßt. Das führte zu der Vorstellung, daß jeder Ordnung ein mathematisches Prinzip zugrunde liegt. Demnach ist auch das Universum nach einem durch Zahlen bestimmten Muster aufgebaut. Für die griechischen Naturphilosophen war die Welt noch eine Einheit. Einen Beweis für die uralte Vorstellung, daß alle Dinge im Universum in einem Zusammenhang miteinander stehen, erblickten sie in der Entdeckung der Zahlenverhältnisse. So verdankt im gewissen Sinne die Mathematik der Zahlenmagie ihre Entstehung. Die ersten und wichtigsten Zahlen waren die Zahlen von eins bis zehn. Diese kann jeder Mensch an seinen Fingern abzählen. Die Grundzahlen genügen, um auch über zehn hinaus zählen zu können.

Die Zahlen eins bis vier bestimmen die musikalischen Intervalle. Mit vier Punkten läßt sich der einfachste geometrische Körper konstruieren, das Tetraeder. So nahmen die Pythagoräer an, daß *Eins bis Vier* die Basis für das Zahlenmuster sind, das dem Kosmos zugrunde liegt.

Zähne

Zahnträumen wird allgemein eine sexuelle Bedeutung beigemessen. Das ist jedoch nur bedingt richtig. Die Entwicklung der

Zähne verläuft durchlaufend mit der körperlichen Entwicklung des Menschen und zeigt gleichzeitig den Prozeß des Alterns an. Die Milchzähne des Kindes, der Zahnwechsel während der Pubertät und das Ausfallen der Zähne im Alter deuten darauf hin. So sind die Zähne auch ein *Symbol der Potenz.* Die Funktion des Gebisses ist es, Nahrung zu ergreifen und zu zerkleinern. Das ist im gewissen Sinne ein aggressiver Vorgang. Stehen die Zähne im Traum als Bild für die sexuelle Potenz, so kommt ihnen auch die Bedeutung aggressiver Tendenzen zu. *Zahnausfall* im Traum kann als Symbol einer allgemeinen *Potenzminderung* verstanden werden. U. U. signalisiert der Traum so das Auftreten sexueller Impotenzerscheinungen.

Zehn

Die Zehn ist eine *Ganzheitszahl.* Sie schließt die Reihe der Zahlen eins bis neun ab. Darüber hinaus ergibt sie sich aus der Addition von eins plus zwei plus drei plus vier. (Siehe *Zahlen*)

Zepter

Das Zepter des Königs ist ein Symbol männlicher Herrschaft. So kann das Zepter auch eine erotische Nebenbedeutung haben. In den Träumen ist jedoch bei der Deutung von Herrschaftsattributen wie Zepter, Stab, Stock usw. stets der Zusammenhang zu beachten.

Zunge

Die Zunge ermöglicht dem Menschen die Sprache. Sie ist damit ein Organ des geistigen Ausdrucksvermögens. Im Traum symbolisiert die Zunge den befruchtenden und schöpferischen *Aspekt des Geistigen. Zungenküsse* wie Genitalküsse im Traum weisen keinesfalls generell auf eine sexuelle Problematik hin. Was der Traum mit diesem Bild sagen will, ist, daß eine innige Annahme des durch eine Traumperson verkörperten Problems für den Träumer notwendig ist. (Siehe *Kuß*)

Zwei

Im Traum hat die *Zwei* oder die Zweizahl in der Regel eine *weibliche Bedeutung.* Sie ist die Zahl der Vereinigung und des Paares. Andererseits weist sie auch auf die Gegensätzlichkeit von Mann und Frau, Materie und Geist, Himmel und Erde usw. hin. (Siehe *Zahlen*)

Zwerg

In der Mythologie sind Zwerge Erdgeister, die zu der großen Göttin Natur gehören. In den Märchen erscheinen die Zwerge als hilfreiche Geister für den Menschen. Sie können auch eine sexuelle Symbolbedeutung im Traum haben. Besonders wenn Zwerge mit *Kapuzen* erscheinen. (Siehe *Daumen*)

Zwölf

Wie die Zehn so ist auch die *Zwölf* als Symbol die Zahl eines geschlossenen Ganzen. Als Symbol im Traum zeigt sie so oft *Vollständigkeit* an. Besonders günstig ist es, wenn der Zwölf oder einer Zwölfzahl im Traum die *Eins* als belebendes Element gegenübertritt. Verständlich wird diese Symbolbedeutung, wenn wir an das Bild der *zwölf Apostel* und *Christus* als dem einen denken, der die Gruppe der Zwölf beherrscht und führt. (Siehe *Zahlen*)

Zylinder

Der Zylinderhut, wie alle Kopfbedeckungen, hat im Traum die Bedeutung eines *Persona-Symbols.* Er ist jedoch eine Kopfbedekkung für festliche Anlässe und wird nur von Männern getragen. Im Gegensatz zum vorigen Jahrhundert setzt heute ein Mann den Zylinder nur noch bei der Hochzeit oder bei der Beerdigung auf. So erhält der Zylinder im Traum häufig auch eine erotische Bedeutung. Im Falle der Hochzeit ist diese naheliegend. Im Falle der Beerdigung symbolisiert der phallische Charakter des Zylinders die Vereinigung des Verstorbenen mit der Mutter-Erde, der aber eine Wiedergeburt folgt. (Siehe *Kleider*)

Literaturnachweis

Aeppli, Ernst: *Der Traum und seine Deutung,* Rentsch-Verlag, Zürich, 1943

Bender, Hans: *Unser sechster Sinn,* DVA, Stuttgart, 1971

Cassirer, E.: *Wesen und Wirkung des Symbolbegriffs,* Oxford 1956

Doucet, Friedrich W.: *Forschungsobjekt Seele,* Kindler Verlag, München, 2. Aufl. 1972

Doucet, Friedrich, W.: *Psychoanalytische Begriffe,* W. Heyne-Verlag, Reihe Kompaktwissen, München, 3. Aufl. 1973

Eliade, Mircea: *Ewige Bilder und Sinnbilder,* Freiburg, 1958

Eliade, Mircea: *Mythen, Träume und Mysterien,* Otto Müller Verlag, Salzburg, 1961

Esser, P. H.: *Die Welt der Träume,* Konstanz 1966

Freud, S.: *Drei Abhandlungen zur Sexualtheorie,* Fischer-Verlag, Frankfurt 1961

Freud, S.: *Die Traumdeutung, Fischer-Verlag,* Frankfurt o. J.

Jung, Carl Gustav: *Der Mensch und seine Symbole,* Olten 1968

Jung, Carl Gustav: *Über psychische Energetik und das Wesen der Träume,* Rascher Verlag, Zürich, 2. Aufl., 1948

Lippfert, K.: *Symbol-Fibel,* Kassel 1955

Lorenzer, A.: *Kritik des psychoanalytischen Symbolbegriffs,* Suhrkamp Verlag, Frankfurt 1970

Meier, C. A.: *Der Traum im alten Griechenland,* in: *Traum und Symbol,* Rascher Verlag, Zürich 1963

Pauwels, Louis und Bergier, Jacques: *Aufbruch ins dritte Jahrtausend,* Scherz-Verlag, München 1962

Schär, H.: *Bemerkungen zu den Träumen der Bibel,* in: *Traum und Symbol,* Rascher Verlag, Zürich 1963

Namens- und Sachregister